キャサリン・A・クラフト
里中哲彦 編訳

英語が上手くなりたければ恋愛するに限る

究極のコミュニケーション181のフレーズ

幻冬舎新書
527

はじめに

　英語が話せるようになるいちばんよい方法は、英語を母語とする恋人をもつことだと言われますが、周囲を見渡しても、たしかにそうであるように思われます。自分の意思や願望をなんとか伝えたいという強い気持ちが、たぶん知らぬまに英語を上達させるのでしょう。

　「言葉がつうじなくても愛をはぐくむことができる」というのは願望であり、また理想でもありますが、現実世界を知らない幻想にすぎません。

　恋愛の芽をはぐくんでいくためには少なからず努力が必要です。ましてや、文化や言葉の障壁があってはなおさらです。しかしながら、恋愛用語や恋愛指南について書かれた英語本はごくわずかです。それも男女どちらかの、一方的な（ときに対立的な）視点で書かれたものが多いのが現状です。

　本書では、男女の出会いから別れまで、交際から結婚まで、考えられる状況をリストアップし、恋愛のキーワードをまじえながら恋愛物語をつくってみました。

　フレーズはできるだけ覚えやすいものを掲げ、しかも自然な英語であることを心がけました。そのため表記も、場面に応じて"want to"を"wanna"に、"going to"を"gonna"にするなど、カジュアルなものにしてあります。リアルな英語を楽しんでください。

　日本人の恋愛観については、そのつど訳者である里中哲

彦さんに助言を求めました。的確な分析をしてくれる里中さんには感謝の言葉もありません。また、本書の企画・編集の労をとってくださった大島加奈子さんにもお世話になりました。トータルな意味で理想的な編集者でした。お二人とも、ありがとうございました。

　本書をつくるにあたって、恋愛フレーズを収集する作業に熱中しましたが、その過程で多くの友人たちの恋愛観を聞く機会にも恵まれました。

　そこで思ったことは、恋愛というのは人生の妙味であり醍醐味でもある、ということでした。と同時に、だからこそ、セックスに関する表現も含め、ちゃんとした恋愛英語の本を書こう、と思い至りました。この小さな本が読者のみなさんのお役に立てることを願っています。

　　　　　　　　　　　　　　キャサリン・A・クラフト

記号などについて

( )：英文中の( )は省略できることをあらわします。
[ ]：言い換え可能であることをあらわします。
〔 〕：単語・句・文の読み方をあらわします。

S：主語(subject)であることを示します。
M：男性(man)であることを示します。
W：女性(woman)であることを示します。

・発音はカタカナで表記していますが、語尾が子音である場合は、たとえば〔○○ト〕ではなく、アルファベットで〔○○t〕としてあります。また、アクセント（強勢）のあるところは太字にしてあります。
・本文中で使っている「ネイティヴ」や「ネイティヴ・スピーカー」は、native speakers of English（英語を母語にしている者）のことですが、日本ではすでに慣例化している表記にしたがいました。

英語が上手くなりたければ恋愛するに限る／目次

はじめに 3

第1章 出会う
Approaching Someone 7

コラム1 初対面でパーソナルな質問は禁句！ 30

第2章 ときめく
Getting to Know Each Other 31

第3章 デート
Dating 51

第4章 自分を伝える
Telling Someone about Yourself 89

第5章 いちゃいちゃする
Messing Around 117

コラム2 「○○に似てる」は避けたほうがいい 164

第6章 夢をはぐくむ
Sharing the Future ... or Not 165

コラム3 「鼻が高い」と言うけれど…… 196
コラム4 日本人だけが特殊なの？ 197
コラム5 "謙譲の美徳"は美徳じゃない 198

第1章 出会う
Approaching Someone

1 〔路上で〕あのう、すみません。
Excuse me.

誰かがあなたにこう声をかけてきました。
あなたなら、どう反応しますか？

- Yes?
  何でしょう？

この "Yes?" がとっても重要です。あるいはまた、

- Excuse me. Can I ask you a question?
  すみません。ちょっと聞いてもいいですか？

と、たずねる外国人もいるでしょう。
そういった場合は、次のように応じるのが自然です。

- Sure. What is it?
  ええ。何でしょう？

"Sure." というのは、肯定の相づちです。
"What is it?" は、〔ワリズィイッt〕のように発音します。

2 〔路上で〕すみません。英語、話せますか?
Excuse me. Do you speak English?

このようにたずねられたら、どのように答えたらいいでしょうか。

日本人のなかには、I don't speak English at all.(英語はまったく話せません)と応じる人がいますが(それも完璧な英語で!)、ここまでくるとジョークでしかありません(笑)。

- Yes, just a little bit.
  ええ、ちょっとなら。

- Yes, but my English is a little rusty.
  ええ、でも私の英語はさびちゃってますけど。

- Yes. What is it?
  ええ、何でしょう?

日本人は謙遜してものを言う傾向がありますが、相手は困って声をかけてきているわけですから、耳を傾けてあげればきっと感謝されるはずです。

3 〔路上で〕何かお困りですか?
Do you need some help?

　旅先で親切にされるのはうれしいものです。
　じっさい、このひとことで恋が始まったというカップルを知っています。日本人の女性が、上野駅（東京）の構内で迷っているアメリカ人の男性に声をかけたのです。

● Need some help?
　どうしたの?

　"Do you"の部分を省略して、カジュアルな感じで聞くこともあります。
　地図を広げている人がいたら、

● Are you looking for something?

● Can I help you find something?

　と、笑顔で声をかけてあげましょう。
　いずれも日本語の「何かお探しですか?」にあたります。
　相手はきっとあなたを天使と勘違いするでしょう。

4 〔カフェで〕
ねえ、ちょっと話してもいい?
Excuse me, can I ask you something?

英語ではこのように話しかけます。

日本人はこうしたとき、"Can I talk to you?" と言ってしまいがち。これは、旧知の人に「話があるんだけど」と声をかけるときの表現です。

初対面の人に話しかけるときは、見出し文のように言ってもいいのですが、目を引いたもの、たとえば衣服や持ち物などをさりげなくほめるのもいいでしょう。

- Hi. That's a cool jacket.
  やあ、かっこいいジャケットだね。

こんな感じで気安く声をかける人もいます。

- Hi. Those glasses look good on you.
  やあ、そのメガネ、お似合いだね。

と、笑顔で話しかけます。笑顔で話しかけないと、相手は不審な人物とみなして、無言で立ち去ってしまうこともあります。

5 〔カフェで〕ひとり?

Are you here by yourself?

by yourself(ひとりで・単独で)のところは "alone" としてもかまいません。

- Not anymore.
  もうひとりじゃないみたい。

こんなふうに答えられたら、相手はきっとにっこりとほほ笑んでくれることでしょう。

- Are you here with anyone?
  誰かと一緒なの?

このように聞いてくる人もいます。

- I'm with you now.
  いま話している人と。

素敵な人だと思ったら、こう言って相手の目を見つめてあげましょう。

6 〔カフェで〕誰かを待ってるの?
Are you waiting for someone?

　私の周りには、カフェや軽食レストランで、こんなふうに声をかけられたという女性がけっこういます。

- Are you meeting someone?
  誰かと待ち合わせ?

　このようにたずねることもあります。
　話しかけるほうは、相手がいるかどうかをまず気にします。そこで、話しかけられたほうは、

- Yeah, a friend. Why?
  そう。友だちをね。どうして?

- No. I'm just hanging out.
  いいえ。ただぶらぶらしてるだけ。

- No. Are you going to keep me company?
  いいえ。私の相手をしてくれるの?

　などと応じます。

7 〔カフェで〕ここへはよく来るの?
Do you come here often?

　男であれ女であれ、多くの人は行きつけのカフェやバーをもっています。なかにはお気に入りのテーブルや席がある人もいます。そこで見慣れない人を目にすれば、自然と興味をもつものです。

- Yes, I come here two or three times a month.
  ええ、月に2、3度は来ます。

- No. This is my first time here.
  きょうがはじめてなの。

このように答えれば、

- This place has a good vibe.
  ここはいい雰囲気だね。

- The bartender makes awesome margaritas.
  ここのバーテンダーがつくるマルガリータは最高だよ。

と、会話はすすんでいきます。

8 〔カフェで〕ここははじめて?

Is this your first time here?

よく使うフレーズです。
この質問に対しては、

- Yes.
  そうだけど。

- No, it's my second time.
  いいえ。今回で2回目です。

などの返事がかえってきます。
そうすると、たいていの場合、次のようなやりとりが始まります。

- A : So, where are you from?
    で、どこから来たの?
  B : From the U.S.
    アメリカから。
  A : Oh, really? Where in the U.S.?
    あ、そう。アメリカのどこ?

これが自然な会話です。

9 〔カフェで〕隣、空いてる? ご一緒してもいいですか?
Is this seat taken? Can I join you?

店内に気になる女性(男性)がいたら、このように声をかけます。

"join" は「加わる」ですが、"Can I join you?" と言えば、日本語の「ご一緒してもいい?」になります。

- Sure.
  どうぞ。

- Sorry, but I'm expecting someone.
  ごめんなさい。待ち合わせなの。

シチュエーションに応じて、このように答えます。

- Mind if I sit here?
  ここに座ってもかまわない?

これもよく耳にする表現ですが、Do you mind if I sit here? (もし私がここに座ったら、嫌がりますか?) の "Do you" が省略されたものです。「かまわない」のであれば、No, go ahead. (ええ、どうぞ) と応じます。

第1章 出会う Approaching Someone　17

10 〔カフェで〕
もっと静かなところへ行かない?
Want to go someplace quieter?

店内を見渡して、

- It's really getting crowded, isn't it?
  ずいぶん混んできたわね。

と、あなた（女性）はつぶやきます。
あちこちから話し声が聞こえてきて、会話に集中できません。くわえて目の前の人が話しているのは英語。これでは聞き取りもままなりません。
すると、相手はすぐに察知して、"Want to go someplace quieter?" と言ってくれるはず。
そのまま店内に居座ろうとするような鈍感な男だったら、すぐさま見切りをつけましょう。

- I'd better be going soon. It was nice talking to you.
  そろそろ行かなくちゃ。お話しできて楽しかったわ。

こう言って、慈しみのある笑顔を投げかけ、とっとと立ち去りましょう。

11 〔バーで〕それ、おいしい?
Is that good?

　お酒が入ってほろ酔い気分になってくると、むしょうに人と話したくなるものです。なかには、

- You're empty.
  グラス、空だね。

- How about a refill?
  もう一杯どう?

と、声をかけてくる人もいます。
　これがおせっかいに聞こえないとしたら、ともに楽しい気分を味わいたいと思っているからにちがいありません。

- M : That drink looks good. What is it?
  それ、おいしそうだね。何飲んでるの?
  W : It's a red-eye. Would you like one, too?
  レッドアイよ。あなたもどう?
  M : I think I'll have a martini.
  僕はマティーニにするよ。

第1章 出会う Approaching Someone

12 〔バーで〕一杯ごちそうさせてくれる?
Can I buy you a drink?

　女性をくどくのに慣れている男性だと、いきなりこのように声をかけてきます。
　この "buy" は「おごる」です。
　なかには承諾も得ずに、いきなり女性のもとにドリンクを運ばせる男性もいます。

- I didn't order this.
  これ、頼んでないけど。

こう言う女性に、ウェイターは、

- It's on the gentleman over there.
  あちらのお客さまからです。

と、さりげなく小声で言います。
　すると、視線の先の男性は、女性に向かって乾杯のしぐさをする……とまあ、映画のワンシーンのようなことをする男性もいます。世の中にはこうしたことが似合ってしまう男性もいるのです。

13 〔パーティで〕パーティ、楽しんでる?
Are you enjoying the party?

　誕生パーティ、引っ越しパーティなど、最近ではいろいろな行事にかこつけてパーティがおこなわれているようです。

- Great party, huh?　＊huh? = isn't it?
  素敵なパーティだよね?

　大きなパーティともなれば、知らない人がいっぱい。そんなときは、

- Who do you know here?
  誰の知り合いなの?

と、たずねます。
誰の知り合いかがわかったら、

- How do you know Mariko?
  マリコとはどういう知り合い?

と、会話をつづけます。

14 〔パーティで〕誘い文句みたいだけど、以前、どこかで会っていますよね。
Sounds like a line, but have we met before?

この場合の "line" は「決まりきった誘い文句」のこと。

- Have we met somewhere before?
  以前、どこかで会っているよね。

は、おそらく太古の昔から使われている誘いの常套句です。

- We've met before, haven't we?
  以前、会っているよね?

と、自信満々に言い寄ってくる男性もいます。

- I don't think so. I'm sure I'd remember you!
  会ってないと思う。会っていたら、忘れるわけないから。

好みの男性だったら、こう言って、謎めいたほほ笑みを浮かべてみましょう。

15 〔パーティで〕誰と来たの?
Who are you here with?

夫婦や恋人同士でパーティにやってきている人もいます。そういうときは、見出し文のように切りだして探りを入れます。

- I'm here by myself.
  ひとりで来た。

- I'm here with a friend.
  友だちと。

気に入った相手なら、

- No, you mean, "Who am I leaving with?"
  そうじゃないでしょ。「誰と一緒に帰るの?」でしょ。

- I'm here by myself, but if I'm lucky, I won't be leaving by myself.
  ひとりで来たけど、できれば帰りはひとりじゃないのがいいわ。

と、ウィンクしながら言ってみましょう。

16 〔職場で〕仕事、何時あがり?
What time do you get off?

　あなたがよく立ち寄るカフェに、アルバイトの女の子（アメリカ人）が入りました。あなたはいつしか彼女に好意をもつようになり、仕事が終わったあとに外に誘いだしたいと思うようになりました。そんなとき、この表現を用います。

　"get off" は、文字どおり「(一日の) 仕事から離れる」ですが、日本語の「(仕事を) あがる」にぴったりの表現です。

- What time do you finish work?
  仕事は何時に終わるの?

と、たずねることもあります。

- Six. What do you have in mind?
  6時だけど。聞いてどうするの?

「聞いてどうするの?」は、have 〜 in mind (〜のことを考えている) という慣用句を使って言いあらわします。

17 〔職場で〕
仕事のあと、何か予定がある?
Do you have plans after work?

「予定」という意味では、"plans"とかならず複数形にします。予定がなければ、

- Not really.
  とくにないけど。

と応じます。

- What are you doing after work?

と、言うこともあります。べつだん何の予定もなければ、

- Nothing special.
  べつに何も。

と、答えます。まったく興味がなければ、

- I have to go home and feed my cat.
  ネコにエサをやらなくちゃいけないの。

という常套句を使って、遠回しに断わりましょう。

18 私の名前はマリコ。あなたは?
My name is Mariko. What's yours?

　日本人の場合、自分の名を相手に伝えず、何時間も話し込んだりすることがありますが、英米社会ではありえないことです。ころあいを見はからって自己紹介をするのがマナーです。

　相手の名前を聞きだすには、まず自分が名乗ること。このことを忘れないでください。逆に、相手が、

- I'm Jim. Happy to meet you.
  僕はジム。よろしく。

と、切りだしてきたら、自分も名乗るのがマナーです。

- M：My name is Jim.
  　　僕の名前はジム。
  W：I'm Mariko.
  　　私はマリコ。
  M：So, what are you drinking?
  　　で、何飲んでいるの?
  W：Gin and tonic.
  　　ジントニックよ。

19 素敵な名前だね。
That's a beautiful name.

相手の名前を聞いたら、このように応じることがよくあります。聞いたこともないような名前だったら、

- I've never heard that name before. How do you spell it?
  はじめて聞く名前だけど、どうつづるの?

と、たずねます。

- Where did you get such a beautiful name?
  その素敵な名前はどこから?

と、聞いてもいいでしょう。
こうした場合、私は、

- I was named after my grandmother.
  おばあちゃんにちなんで名づけられたのよ。

と、応じています。

20 よろしく。
Nice to meet you.

　名前を言ったあとに、「よろしく」と添えるのは英語社会でも同じこと。「よろしく」を伝える表現として、

- (It's) Nice to meet you.
- (It's) Good to meet you.
- (It's a) Pleasure to meet you.《フォーマル》
- (I'm) Happy to meet you.
- (I'm) Glad to meet you.
- (I'm) Pleased to meet you.《フォーマル》

　などがありますが、カッコ内はふつう省略します。「こちらこそ」と言いたいときは、

- A : Nice to meet you.
   よろしく。
  B : Nice to meet you, too.
   こちらこそ。

と、かならず"too"をつけます。

21 〔パーティで〕またお会いできてうれしいです。
Nice to see you again.

初対面でのあいさつは、

- Hi. Nice to meet you.
  やあ、よろしく。

と、"meet" を使いますが、再会したときは "see" を用います。

- M：Yuka, this is my friend, Jack.
  ユカ、友だちのジャック。
  W：I believe we've met before. Nice to see you again, Jack.
  以前、お会いしましたね。また会えてうれしいわ、ジャック。

また、そばにいる友人を "He is my friend, Jack." と紹介することはありません（こう言っている日本人をよく見かけます）。かならず、This is 〜 （こちら〜）で始めてください。

22 お話しできて楽しかった。
It was nice talking to you.

　はじめて会った人と別れるときのあいさつです。日本人の場合、

● Bye.
　じゃあね。

とだけ言って立ち去ってしまいますが、相手の目を見つめて、"It was nice talking to you." と言ってくれると、受ける印象もだいぶ変わってきます。

● Nice talking to you.

と、短く言うこともあります。
　また、このように言われたら、かならず「私も」とかえしましょう。

● M：It was nice talking to you.
　　話ができて楽しかった。
　W：Nice talking to you, too.
　　私も。

コラム1
初対面でパーソナルな質問は禁句!

　初対面の相手から、「所得はどれくらい?」(How much money do you make?) とか、「よくセックスをしますか?」(How often do you have sex?) とたずねられたらギョッとしますよね。

　それと同じで、「何歳ですか?」(How old are you?) や「結婚していますか?」(Are you married?) なども、個人のプライヴァシーに踏み込むことになるので、初対面ではマナー違反とみなされます。

　しつこく聞こうものなら、

- Excuse me? Is this some kind of interrogation or something?
  ねえ、これって尋問か何かなの?

と、嫌味を言われかねません。

　なかには、さらりと答える人もいるでしょうが、たぶん内心ではムッとしているでしょうね。

　ちなみに、アメリカでは、人種や年齢や家庭環境による差別をなくすため、雇用の際でも履歴書に"人種"や"年齢"や"配偶者の有無"を記すことはありません。

第2章 ときめく
Getting to Know Each Other

23 日本に来てどれくらいになるの?
How long have you been in Japan?

根ほり葉ほり質問攻めにするより、この質問ひとつで多くの情報を得ることができます。

- W : So, how long have you been in Japan?
  で、日本に来てどれくらいになるの?
- M : I just got here three days ago. I'll be traveling around Japan for three weeks.
  3日前に来たばかり。3週間かけて日本を旅行するつもりなんだ。

こんなふうに会話はすすんでいきます。
「日本はもう長いの?」と聞いてもいいでしょう。

- M : Have you been in Japan long?
  日本はもう長いの?
- W : No. I got here about a month ago. I'm studying Japanese like crazy now.
  いいえ。1か月ほど前に来たばかり。いま日本語を必死に勉強しているところなの。

こうした質問で会話の糸口を見つけることができます。

24 ここへは仕事、それとも遊び?
(Are you in town) On business or for pleasure?

　いかにも「旅行者」という感じの人だったら、このように聞いてみましょう。
　ここでは、on business（仕事で）と for pleasure（遊びで）という表現をぜひ覚えてください。

- On business.
  仕事なの。

- For pleasure.
  遊びよ。

などの答えがかえってきます。
　なかには「仕事半分、遊び半分」という場合もあります。そういう人は、

- A bit of both, actually.
  両方ともちょっとずつ。

と、応じます。

25 どこから来たの?
Where are you from?

　出身地をたずねる。これは会話の糸口をつくる定番フレーズです。

- M：Where are you from?
　　どこから来たの?
  W：From the U.S.
　　アメリカから。
  M：Where in the U.S.?
　　アメリカのどこ?
  W：From San Jose.
　　サン・ノゼ。
  M：Oh, where is that?
　　それってどこ?
  W：It's near San Francisco.
　　サンフランシスコの近くよ。

　あなたがサンフランシスコへ行ったことがあるのなら、話題をサンフランシスコへ向けてもいいでしょう。こうして話はころがっていきます。

第2章 ときめく Getting to Know Each Other　35

26 生まれは清水なんだ。
I'm from Shimizu.

　逆に、相手から出身地を聞かれることがあります。
　その場合、日本が出身地であることは相手もわかっているはずですから、日本のどこかをわかりやすく伝える必要があります。

- W : Where are you from?
　　 どこの生まれなの？
- M : I'm from Shimizu.
　　 清水っていうところ。
- W : Oh, where is that?
　　 それってどこ？
- M : It's in Shizuoka Prefecture, near Mt. Fuji.
　　 静岡県、富士山の近くだよ。

　東京、京都、大阪、広島などのほか、富士山（静岡県、山梨県）、大仏（奈良県、神奈川県）、兼六園（石川県）などの観光名所が比較的よく知られているようですが、なかには日本各地を旅してまわっている外国人もたくさんいるので、旅先での出来事や当地の話題で盛りあがるかもしれません。

27 家はこの近く?

Do you live near here?

　初対面の会話で、身近な話題としてあげられるのが、住んでいる場所に関すること。

　Where do you live?（どこに住んでるの?）とたずねてもいいのですが、いわゆる Wh- クエスチョンを連発すると、聞かれるほうは尋問を受けているような気分になってしまうので、Yes / No で答えられる質問も交えて会話をするのが無難です。

- I live near here. What about you?
  僕はこの近くに住んでいるんだけど、あなたは?

　このように、まず自分がどこに住んでいるかを明らかにします。そして、そのあとに相手の住まいをたずねるのです。そうすれば、以下のような返事がかえってきます。

- I live about an hour from here, but I'm staying at a friend's place tonight.
  ここから1時間ぐらい離れたところに住んでいるんだけど、きょうは友だちのところに泊まることになっているの。

28 宿泊先はこのあたり？

Are you staying around here?

相手が旅行者である場合は、live（暮らす）ではなく、stay（滞在する）という動詞を使って宿泊先をたずねます。

- Where are you staying?
  どこに泊まっているの?

と、聞いてもいいのですが、初対面の相手には、前項で説明したように、なるべく Yes / No で答えられる質問を投げかけるのが無難です。そうすれば、

- I'm staying at a friend's place.
  友だちのところに泊まっているんだ。

- I'm staying at a hotel in Shibuya.
  渋谷のホテルに泊まっているの。

- I'm staying at a Japanese inn near Hakata Station.
  博多駅の近くにある旅館に泊まっています。

などの返事がかえってきます。

29 日本の生活はどう?
How do you like living in Japan?

日本で暮らしている人にはこのようにたずねます。
すると、

- I like it so far.
  これまでのところはまずまずね。

- I love it because it's so safe.
  気に入っている。だって安全なんだもの。

なかには、

- The people are very nice, but it's a little expensive.
  親切な人が多いけど、物価が高いね。

- I have a hard time because I can't read kanji.
  漢字が読めないので苦労しているよ。

などと不平をこぼす人もいます。

30 日本の会社には慣れましたか?
Have you adjusted to working for a Japanese company?

「A（生活など）に慣れる」とか「Aになじむ」は、adjust to A / adapt to A を使って表現します。すると、

- Yes, I've gotten pretty used to it.
  ええ、すっかり慣れました。

- Not at all. There are so many things to learn. I never know what I'm doing.
  ぜんぜん。わからないことが多くて、とまどってばかりなの。

などの答えがかえってきます。
相手が大学生なら、

- Have you adjusted to college life?
  大学生活にはもう慣れた?

と、様子をたずねます。

31 言葉が話せない国で暮らすっていうのはどう?
What's it like to live in a country where you don't speak the language?

What's S like?(S はどのようなものですか?)というフレーズを使って、人・物・ものごとの印象や様子をたずねます。この like は「〜のような」という意味をもつ前置詞で、「〜を好む」という意味の動詞ではありません。

- What's your new boyfriend like?
  新しいボーイフレンドはどんな人?

- What's living by yourself like?
  ひとり暮らしはどう?

見出し文の What's it like to 〜?(〜するのはどのようなものですか?)もよく使われます。この "it" は形式主語で、その具体的内容は "to 〜" で示されています。

- What's it like to live with a Japanese host family?
  日本のホスト・ファミリーと暮らすっていうのはどう?

32 どんなお仕事をなさっているのですか?
What do you do?

いきなり「どこに勤めているの?」(Who do you work for?) と勤務先を聞くのはたいへん失礼です。

- I'm a yoga instructor. What do you do?
  私はヨガのインストラクターなの。あなたはどんなお仕事をなさっているの?

- I'm a student at Nagoya City University. And you?
  名古屋市立大学の学生です。あなたは?

このように、まず自分のことを話してから、相手の職業分野を聞いてみましょう。

日本人はよく相手の職種をたずねるとき、「何関係の仕事?」と言いますが、英語では、

- What kind of work do you do?
  どういう関係の仕事をしているの?

と、言います。

33 コンピュータ関係の仕事をしています。
I'm in computers.

　職種をたずねられた場合、よく「〜関係の仕事をしています」と言いますが、それにあたるのが、"I'm in 〜" です。

- I'm in insurance.
  保険関係の仕事です。

- I'm in advertising.
  広告関係の仕事なんだ。

- I'm in the travel business.
  旅行関係の仕事についています。

　私の友だちにはレストランを経営している人が数人いますが、そうした人たちは、

- I'm in the restaurant business.
  レストランをやっています。

　と、言っています。

34 どこにお勤めですか?
Who do you work for?

職種や業種ではなく、勤務先（職場・雇い主）をたずねるときは、Who do you work for?（誰のために働いているのですか？）という表現を用います。これで、「どこにお勤めですか？」になります。

- W : What do you do, Ken?
    ケンは何をしているの？
  M : I'm in TV.
    テレビ関係の仕事。
  W : Oh, really? So, who do you work for?
    そうなの？　で、どこに勤めてるの？
  M : I work for TBS.
    TBSって会社。

なかには、「自営業」と言う人もいます。

- I work for myself.
  自営業です。

"I'm self-employed." と称する人もいます。

35 どうして日本へ来ることになったの？
What brings you to Japan?

　多くの日本人が使っているのは、次のようなフレーズです。

・Why did you (decide to) come to Japan?
・What did you come to Japan for?

　しかし、いちばんナチュラルに聞こえるのは、見出し文の "What brings[brought] you to Japan?" です（過去形の "brought" もよく使われます）。

- M：What brings you to Japan?
    どうしてまた日本へ？
  W：I came here to study manga and anime.
    日本のマンガとアニメを研究しに来たんです。
  M：So, you're a student?
    ということは、学生さん？
  W：Yes. I study at Kyoto Seika University.
    はい。京都精華大学で学んでいます。

「マンガ」も「アニメ」もいまや世界共通語です。

36 どれぐらい日本にいる予定なの?
How long will you be in Japan?

　あなたが惹かれた女性（男性）が日本にどれぐらいの期間いるのかは、たいへん興味のあるところ。そんなときにこのフレーズを使います。すると、相手は、

- I'll be here for three weeks.
  3週間います。

- I'll be here until the fifteenth.
  15日までいます。

などと答えてきます。
　興味や関心のあることを聞きだしたい場合は、次のようにたずねることをオススメします。

- M : What do you plan to do while you're in Japan?
  日本ではどんなふうに過ごす予定ですか?
  W : I plan to go to an onsen [a hot spring resort].
  温泉に行く予定なの。

　多くの場合、「温泉（地）」は "onsen" でつうじます。

37 子どものころ、映画館で『バック・トゥ・ザ・フューチャー』を観た。

I saw *Back to the Future* at the theater when I was a kid.

初対面であるにもかかわらず、日本人はおうおうにして年齢を聞きたがります。しかし、アメリカ人（とくに女性）は年齢をたずねることを一般に rude（失礼な）であると考えています。年齢はプライヴァシーにかかわることなのです。デートを重ねるうちに、おおよその年齢がわかるものです。たとえば、

- W：I saw *Back to the Future* at the theater when I was a kid.
  子どものころ、映画館で『バック・トゥ・ザ・フューチャー』を観たわ。
  M：Wait, how old are you?
  ちょっと待って。いくつなの？
  W：I was born in 1980. You do the math.
  1980年生まれよ。計算してみて。

このようにして、徐々にプライヴェートなことを互いに知っていくのです。

38 ひとり暮らし?

Do you live by yourself?

相手が結婚しているのかどうかをたしかめるには、

- Are you married?
  結婚しているの?

- Are you single?
  独身なの?

と、ずばり聞くやり方がありますが、これはあまりにもストレートにすぎます。初対面ではなおさらです。

そこで、「ひとりで暮らしているの?」と遠回しに聞きます。このように言えば、

- No. I live with a cat.
  ううん。ネコと暮らしているの。

- Yes. I used to be married, but I'm divorced.
  そう。以前は結婚していたんだけど、離婚しちゃったから。

などの返事がかえってきます。

39 将来の夢を聞かせて。

What are your dreams for the future?

　相手がどんな夢をもっているのかは、恋愛をするにあたってたいへん気になるところ。そんなとき、このフレーズで相手の夢を聞きだします。

- What would you like to do in the future?
  将来、どんなことをしたいの?

　このようにたずねてもいいでしょう。

- I plan to live in Japan and become a yoga instructor.
  日本で暮らして、ヨガのインストラクターになるつもり。

　などと言ってくれる人ならいいでしょうが、

- I want to marry to a rich woman.
  お金持ちの女性と結婚したいなあ。

　と、臆面もなく言う男性もいるから、くれぐれも用心が必要です。

40 5年後はどうなっていたい?
Where do you see yourself in five years?

　数年後の「理想の自分」を想像していただきましょう。
　ネイティヴがひじょうによく使うのに、ほとんど知られていないフレーズがこれ。「5年後、どこで自分自身の姿を見たいの?」というしゃれた言いまわしをするのです。
　聞かれたほうは、5年後の自分の理想の姿を思い描いて、

- I hope I'll be married with kids by then.
  結婚して子どもがいたらいいな。

などと答えます。
ふつう、I hope ～（～したいと思っている）で応じます。

- W : Where do you see yourself in ten years?
    10年後はどうなっていたいの?
  M : I hope to own my own restaurant in Hakata by then.
    博多でレストランをもちたいと思っているんだ。

41 つき合っている人はいる?
Are you seeing anybody?

"see" は、「会う→デートする→つき合う」となりました。

- Are you going out with anybody?

と、言ってもかまいません。"go out" は、「外出する→デートする →つき合う」となりました。

とはいえ、初対面でいきなりこんな質問をされたら、相手はひくでしょうね。プライヴェートな部分にいきなり土足で踏み込まれたように感じるはずです。

- Do you have a boyfriend?
  ボーイフレンドはいるの?

- Do you have a girlfriend?
  ガールフレンドはいるの?

これらの質問も同様です。デートを重ねていけば、そんなことはわかるはず。大人の男（女）だったら、あえて口にせずに見抜いてみましょう。

第3章 デート
Dating

42 休みはいつ?
What days are you off?

相手をデートに誘う場合、休みの日を聞くのは当然のことです。

・When is your day off?
・What day(s) do you have off?
・When are you off?

などの表現もありますが、もっともよく使われているのは "What days are you off?" です。"off" をしっかり発音しましょう。

- M：What days are you off?
    休みはいつ?
  W：(I'm off on) Saturdays and Sundays.
    土曜と日曜だけど。
  M：Well, what are you doing next Saturday?
    じゃあ、今度の土曜日の予定は?

こんなふうに会話はすすんでいきます。

43 暇なときは何をしているの?
What do you (like to) do in your free time?

　相手がどんなことに興味をもっているのか。いちばん無難な質問はこれでしょう。

- M : What do you like to do in your free time?
　　 暇なときは何をしているの?
　W : I go to the gym or hang out with my friends.
　　 ジムに行くか、友だちとぶらぶらしているわ。

　この女性は、体を動かしたり、リラックスすることが好きだということがわかりますね。

- I don't have much free time. I work a lot.
　 暇な時間はほとんどないの。仕事ばかりしてるわ。

　なかには、こんなつれない返事をする女性もいます。

- Well, what do you do on your days off?
　 じゃあ、休みの日は何をしているの?

　こうして会話をつなげていきます。

44 カラオケをやったことある?
Have you ever sung karaoke?

　デートに誘うときに大切なのは、相手が何に興味をもっているのかを聞きだすことです。

- M：Have you ever sung karaoke?
　　　カラオケをやったことがある?
  W：Yes. I go once a week or so.
　　　ええ。だいたい1週間に1回のペースで行くわ。
  M：What's your favorite song to sing?
　　　どんな歌がお気に入り?

　しかし、このように話がすすまないこともよくあります。共通の興味や関心を見いだすための Do you like 〜 ?（〜は好き?）も用意しておきましょう。

- Do you like Japanese food?
  日本の料理は好き?

- Do you like movies?
  映画は好き?

45 また会える?
Can I see you again?

　デートの誘い文句としてもっとも自然な表現です。
「自分のほうからデートに誘ったことがない」ことを自慢するモテ男がいますが、マナー違反もはなはだしい。仲よくなったら、次の誘いをするのはジェントルマンとしての当然の礼儀です。

- Can I take you out sometime?
  今度、デートに誘ってもいいかな?

　このように切りだしてもいいでしょう。これもたいへん好感がもてる誘い文句です。
　"take A out" は「Aを連れ出す・Aをデートに誘う」です。"sometime" は「そのうち・近いうちに」です。

- Can we go out sometime, just the two of us?
  今度、デートできるかな、二人だけで?

　初デートの申し込みを、こんなふうに切りだすことがあります。

46 今度、いつ会える?

When can I see you again?

この問いかけに対して、

- Well, I'm usually free on Sundays. Maybe next weekend.
  日曜はたいてい空いてるけど。来週ならたぶん大丈夫。

との返事があれば、相手は乗り気だと思って間違いありません。しかし、

- I don't know.
  さあ。

- I'm not sure.
  わかんない。

- I'm kind of busy these days.
  このところ忙しいの。

などの返事がかえってきたら、未来は、たぶん、ありません。

47 今度、食事にでも出かけない?
Would you like to go out for dinner sometime?

　男性が女性を食事に誘うとき、もっともよく使うフレーズがこれです。日本人男性はよく、「一緒に飲みに行こう」と誘いますが、英語では、

- Want to go out for drinks sometime?
  今度、飲みに行こうよ。

と、言います。"Do you"を省略した形で、カジュアルな感じで聞くとよいでしょう。すると、相手は、

- I'd love to.
  ぜひ。

と、言ってくれるはずと思いきや、

- Sorry, I'm engaged.
  ごめんなさい。婚約者がいるの。

などのショッキングな言葉がかえってくることもあります。

48 じゃあ、また会おうよ。えっと、今度の金曜日はどう?
So, let's do this again soon, say, next Friday?

なかなか使いこなせないのが "Let's do this again." という言いまわし。

- I've got to go now. Let's do this again sometime.
  もう行かなくちゃ。また今度。

飲食、スポーツ、おしゃべりなどを終えて、「楽しかったのでまたやろう」という意味で用いられます。別れ際に用いる表現です。日本人のよく使う「また今度ね」とか「またワイワイやろうね」に近い表現と言えます。

- M：So, let's do this again.
    じゃあ、また会おうよ。
  W：OK. When?
    いいわ。いつ?
  M：How about next Friday, say, six?
    金曜日の、そうだね、6時でどう?

もうひとつ。"say" は例を示すときの表現で、「たとえば」にあたります。

49 いつが都合いい?
When's good for you?

　相手の都合を聞くときの口語表現です。"good" は、「(日時が) 都合がよい」という形容詞。

- M : When's good for you?
　　いつが都合がいいの?
- W : I'm free this Saturday.
　　今度の土曜日なら空いているわ。

　"free" は、busy (忙しい) の反対語で、「暇な・仕事が入っていない・空いている」です。
　そのほかの表現として、

- Which day would be good for you?
　都合のいい日はいつ?

- When is a good time for you?
　いつが都合いいの?

　などがあります。

50 （日時は）あなたが決めて。

You pick the date and time.

　デートの日時をあえて相手に決めてもらうことで、デートへの参加意識をもたせることができます。

　この "pick" は「選ぶ」です。select（選び出す）よりも口語的な表現で、デートの日時や場所を決めるときによく使われます。

- M : You pick the date and time.
　　 日時はきみが決めて。
  W : OK, then how about this Saturday around 7:00?
　　 じゃ、土曜日の7時ごろでどう？

　相手にデートの場所を決めてもらうときは、日時（the date and time）のところを場所（the place）にするだけです。

- W : You pick the place.
　　 どこにするか決めて。
  M : What about that new diner in Azabu?
　　 麻布に新しくできたダイナーなんだけど、そこでどう？

51 いつ、どこで待ち合わせようか?
When and where should we meet?

約束して「会う」は "meet" を使います。
見出し文のように言えば、

- Let's meet in front of the theater at 6:15.
  6時15分に劇場の前で落ち合おうよ。

- Let's meet at Sakae Station, exit 2.
  栄駅の2番出口で待ち合わせしましょう。

などの答えがかえってくるはず。
exit（出口）の発音は〔エグズィットt〕です。
「車で迎えに行くよ」なら、

- I'll pick you up at your place at 7:00.
  きみのところへ7時に迎えに行く。

と、言います。
pick A up（Aを車で迎えに行く）という表現をぜひ覚えておいてください。

52 どうやって連絡をとったらいい?
How can I get in touch with you?

　知り合ったのはいいんだけど、これっきりになる可能性がある……そのように感じたら、思いきってこう切りだします。カジュアルな感じで使えるオススメの表現です。

・How can I ～?「どうやって～したらいい?」
・get in touch with A「Aと連絡をとる」

　これらの慣用句をぜひ覚えておいてください。
　日本にいて、私がよく耳にするのは、"How can I contact you?" ですが、"contact" はビジネスの世界、あるいはフォーマルな状況で使う単語。フレンドリーな会話で使う動詞ではありません。

● What's the best way to get in touch with you?
　連絡をとるには、どうするのがいちばんいい?

　魅力あるニッポンの男（女）を自認するのだったら、相手にこのように言わせるようにしたいものです。

53 携帯にメールするね。
I'll text you.

「携帯メール」のことを "text message" と言います。この "text" は「文字だけのデータ」という意味です。

最初のうちは名詞として使われていましたが、いまでは動詞としても使います。

しかし、「"text message" は長すぎる！」というわけで、上で掲げたように、短く "text" と言うようになりました。

- I'll send you a text.
  メール、送るね。

このように言うこともできます。

相手がFacebookをやっているかどうか知りたい場合は、「Facebook 上に載せている (on)」と考えて、

- Are you on Facebook?
  Facebook、やってる?

と、たずねます。

54 LINE、やってる?

Do you use LINE? / Do you have LINE?

相手と連絡をとるにはさまざまな方法があります。

- Can I call you sometime?
  近いうちに電話してもいい?

以前はこんな表現をよく使っていたものです。
　しかし、最近では、「LINE、やってる？」というフレーズをよく耳にするようになりました。
　上で示したように、動詞は "use" か "have" を用います（"LINE" の部分はすべて大文字で表記します）。

- What's your LINE ID?
  LINEのIDを教えて。

- I'll LINE you.
  LINEするね。

これらのフレーズもあわせて覚えておきましょう。

55 僕とデートしてくれない?

Will you go out on a date with me?

"date" は、もともと「日付・日時」ですが、それが「ある特定の日に人と会う約束」になり、「デート」の意味が生じました。

とはいえ、"on a date" の部分は省略して、go out（外出する→デートする）とだけ言うこともよくあります。

・go out on a date「デートに出かける」
・ask A out「Aをデートに誘う」

"ask A out" は、"ask A out on a date" のことで、ふつう "on a date" の部分は省略してしまいます。

デートは、恋の最初のステップ。

自分に好意をいだいているようだけど、なかなかデートに誘ってくれない人を想いながら、

● I hope Greg will ask me out.
　グレッグがデートに誘ってくれないかしら。

と、つぶやきます。

56 素敵だよ。
You're so beautiful.

　欧米人は、好きになれば、その人をほめまくります。日本人のように照れて本心を隠したりしません。それが自分に対しても、相手に対しても誠実な対応だと思っているからです。

- You're so pretty.
  すっごくきれいだよ。

- You're so cute.
  すごく可愛い。

　また、gorgeous（美しくてセクシー）が女性に対する最高のほめ言葉だと知っている男たちは、

- You're so gorgeous.
  きみってゴージャズだね。

　と、ことあるごとに連発します。

57 服の着こなしがうまいね。

You have a great sense of style.

着こなしのセンスをほめて、このように言います。"a sense of style" は「(衣服の) 着こなしのセンス」のことです。

大人の女性はブランド品をほめられるよりも、ファッションのセンスをほめられるのがうれしいもの。男性のみなさん、よく覚えておいてください。

- You have a great sense of fashion.
  ファッション・センスがあるね。

と、言うこともあります。

服飾や芸術などの「センス・趣味」の意味で "taste" を用いることもよくあります。

- You have good taste.
  きみは趣味がいいね。

- You have good taste in hats.
  帽子のセンスがいいね。

58 笑顔が素敵だね。
You have a nice smile.

ほめられて気分を害する人はいません。

好きな人に目を見つめられてほめられたら、誰でも恋を予感します。とりわけ欧米人は相手の笑顔をほめることで、好意を伝えようとします。

- Your smile brightens my day.
  きみの笑顔を見ると元気になる。

直訳すると、「あなたの笑顔は私の一日を輝かせてくれる」ですが、「あなたの笑顔を見ると、きょうもがんばれそうだ」といったニュアンスで用います。

- M：You have a nice smile.
    笑顔が素敵だね。
  W：Thank you.
    ありがとう。
  M：It really brightens my day.
    おかげできょうもがんばれそうだ。

恋をしたら、笑顔をほめましょう!

59 きれいな目をしているね。
You have beautiful eyes.

男性は女性の気を引こうとするとき、まずは外見をほめます。多くの場合、それは笑顔であったり、目であったりします。

- M: You have beautiful eyes.
  きれいな目をしているね。
  W: Thank you.
  ありがとう。
  M: It's the first thing I noticed about you.
  最初に会ったときからそう思っていたんだ。

日本人の場合、ほめられると「そんなことありません」と否定したり、「いえいえ」と謙遜したりしますが、これは「自信のない人」との印象を与えかねません。そういうときは、素直に「ありがとう」と言ってみましょう。

- M: Your eyes sparkle.
  きみの瞳は輝いているね。
  W: Thank you.
  ありがとう。

60 素敵な髪だね。
Great hair.

衣服、笑顔、そして目ときたら、残りは髪です。

ここでは、"(You have) Great 〜 ." を覚えましょう。"great" には「素晴らしい」という意味があります。

- Great legs.
  素敵な脚だね。

こう言ったあと、そっと髪や脚に手を伸ばしてくる男がいますが、その対応はあなたしだい。私がとやかく言うことではありません。

しかし、いつも同じところばかりほめられるようだったら、

- M：Great hair.
  素敵な髪だね。
  W：So, only my hair?
  それって髪だけってこと？

と、ツッコミを入れてみましょう。

61 いい香りがする。
You smell amazing.

　欧米人は香りに敏感で、どんな香水をつけているのか聞く人も少なからずいます。

- M : You smell amazing. What is that scent?
　　　すごくいい匂いだね。何の香水?
　W : It's called Chloé.
　　　クロエよ。
　M : It smells great on you.
　　　きみにぴったりだ。

　何の香水をつけているのかをたずねるということは相手に好意をもっている証拠。
　なかには、

- I thought this would smell good on you.
　この香水があなたに合うと思ってね。

　などと言いながら、自分の好きな香水を恋人にプレゼントする人もいます。

62 一緒に話をしていると楽しいわ。
I like talking to you.

　好きな人とはずっと話をしていたいもの。誰もがそんな経験があるはず。上に掲げた英文は、相手に好意を寄せていることをほのめかしています。

- I love talking to you.

　と、言うこともあります。
　I like 〜ing（〜するのが好きだ）も I love 〜ing（〜するのが大好き）も、自分の好みを相手に伝えるときによく用いられます。

- You're fun to talk to.
  あなたの話っておもしろいわ。

　このように言うこともあります。

- I could talk to you all night.
  あなたとだったら、一晩中でも話していられるわ。

　これはアメリカ人がよく使う言いまわしです。

63 きみって聞き上手だね。
You're a great listener.

　これもほめ言葉です。
　世の中には、信じられないことに、話すのは苦手だけど、聞くのは好きという人がいます（笑）。ほとんどしゃべらず、たまにコメントをはさむだけ。でも、目を輝かせて、話の先を聞きたがる。そんな聞き上手の人が存在します。そんな人にかぎって、「きょうはよくしゃべったわ」と言うから、さらにびっくりしてしまいます。

- W：I could talk to you all night.
  あなたとだったら、一晩中でも話していられるわ。
- M：Me, too.
  僕も。
- W：You're funny, and you're a great listener.
  あなたって、おもしろいし、聞き上手よね。

　相手の言うことを途中でさえぎることなく、最後まで理解を示しながら聞いてくれるのは、愛があればこそ。
　おしゃべりな人にとって、グレイト・リスナーは最良の友なのです。

64 僕たち、うまくやっていけそうだね。
I think we get along well.

"get along well" というのは「仲よくやっていく」という意味のイディオムです。仲よくやっていけそうだと予感したときに口にしてみてください。

- I feel like we really click.
  僕たち、ほんとうに気が合うね。

"click" というのは何かがカチッとはまるときの音で、「カチッと音を立てる→ものごとが進展する→気が合う」の意味をもつようになりました。しゃれた言い方でしょ。ぜひ使ってみてください。

- I think we're made for each other.
  僕たち、似合いのカップルだね。

「相性がぴったりだね」とか「最高のカップルだね」などと訳してもいいでしょう。"made for each other" は「互いのためにつくられている」わけですから、fate（運命）らしきをものを感じたときに用います。

65 きみといると素直になれる。
I feel I can be honest about my feelings with you.

　顔も姿も自分好みの相手。でも、一緒にいると、なんとなく落ち着かない。あげく、よく見せようとして、自分をついつい"盛って"しまうこともある。そんな経験をしたという人もけっこういるのではないでしょうか。

　いっぽう、外見はさほど魅力を感じないけど、いつも自分の感情に素直でいられ、相手もそのことに理解を示してくれる。そんなときにこの表現を使います。

- I feel comfortable with you.
 あなたと一緒だと気がラクなの。

　このように言う人もいます。"comfortable" は「心地よく感じる・リラックスした」という意味です。

- I really feel like I can talk to you.
 あなただと何でも言えちゃうわ。

　パートナーとして最適なのは、素直な気持ちで何でも話せる人。英語では「あなたには何でも話せるという気分になる」という言い方をします。

66 きみのことをもっと知りたい。
I need to get to know you better.

　ひとくちに相性と言っても、話し相手としての相性、ベッドの中での相性など、いろいろあります。
　つまり、長所も短所も受け入れることができるかどうか。
　そこに至るには、相手のことをもっと知らないといけません。そんなときにこの言葉を発するのです。

- M：I want to spend more time with you. Let's go to Kamakura next weekend.
  もっと多くの時間を一緒に過ごしたいな。来週末、鎌倉へ行こうよ。
- W：I need to get to know you better.
  私もあなたのことをもっと知りたいわ。

　この会話では、互いが性愛の相性をたしかめたいと思っていることがわかります。
　類似表現として、以下のようなものがあります。

・I want to get to know you better.
・I'm curious to know more about you.

67 あなたに恋しちゃいそう。
I feel like I'm falling for you.

「恋に落ちる」「好きになる」「惚れる」など、日本語でもさまざまな言い方がありますが、英語にも「恋する」をあらわすさまざまな表現があります。

ところが、「彼女は彼に恋してしまった」を英語にしてもらうと、たいていの日本人は "She fell in love with him." と書きます。J-POP の歌詞の影響なのか、小学生でも fall in love with A（Aに恋する）という言いまわしを知っているようです。

ネイティヴの感覚では "fall in love with A" はとてもポエティックな香りがします。歌や詩のなかで見かける表現なのです。日常会話で耳にすることはそんなにありません。

● I fell for Stan the first time I met him.
あたし、スタンにひと目惚れだったの。

ネイティヴは、fall for A（Aに恋する・Aに夢中になる）を好んでよく使います。"fall" の過去形は、fell〔フェゥ〕と発音します。

68 ほかの人とデートするのはもうやめようよ。
I want us to be exclusive.

　少なくとも、アメリカ人の場合、一度デートしたからといって、ほかの人とはデートしないという "exclusive" な関係になることはありません。複数の相手と同時進行でデートする男女も少なくありません。とくに男性はその傾向が強いようです。

● I'm not ready to be exclusive.
　恋愛相手をまだひとりに決めたくないんだ。

　このように言ったりします。"exclusive" は、辞書には「独占的な・排他的な・限定的な」と出ていますが、恋愛関係において、この語が意味するところは、ほかの人とデートに出かけない、他の相手と肉体関係をもたない、1対1の関係になる、つまり「特定の人とだけつき合う」ということを意味します。
　恋愛における相手のカジュアルすぎる態度が気になりはじめると、ほかの人を排除して、二人だけの真剣な関係になろうとします。そうしたときに、見出し文で掲げた英文を使うのです。

69 きみにすっかり夢中なんだ。
I'm crazy about you.

　最初はさほど魅力を感じなかったのに、デートを重ねるうちに相手をだんだん好きになるということはよくあることです。

● I think I'm really starting to like you.
　きみのことがますます好きになっちゃった。

　それが昂じて、あなたは相手に「夢中になって」いきます。英語では、お熱をあげている状態を crazy（夢中で・熱中して）という単語で言いあらわします。I'm crazy about ～（～に夢中だ）の形で覚えておいてください。
　また、一方的に気に入って、熱をあげている状態をネイティヴは crush（片思い）という単語で言いあらわします。

● I have a huge crush on you.
　あなたのことがすごく好きなの。

　有名人や既婚者、なかなか言い寄ることができない相手が"crush"の対象になることもよくあります。

70 きみには洗練された美しさがある。
You're sophisticated.

「洗練された」とか「あか抜けた」と訳されることが多い"sophisticated"ですが、knowledgeable about the world（世の中についての見識がある）という意味も同時にもっています。つまり、教養と知性に裏づけられた、トータルな意味での品格があることを示唆する単語なのです。

- M：You're so sophisticated.
   上品だね、きみは。
   W：I am?
   私が？
   M：Yes. You seem very mature for your age.
   そう。年齢のわりにとても落ち着いて見えるよ。

しかし、ときに皮肉で「お上品ぶった」の意味で使われることもあるので、相手の表情をよく見てください。

さて、こうしたとき日本人は elegant（優雅な）という単語を用いがちですが、"elegant"はいくぶんお年を召した女性に対して用いられることが多いので、若い女性に対しては控えたほうがよいでしょう。

71 あなたのことばかり思ってる。
I can't stop thinking about you.

"can't stop 〜 ing" は「〜することをやめられない」です。

- I can't stop loving you.
  あなたを好きにならずにはいられない。

恋には魔力があって、好きな人のことが頭から離れなくなることがあります。ここでは、相手を想う自分の気持ちを正直に伝えてみましょう。

- I don't want to see anyone but you.
  もうあなた以外の人とはデートしない。

この "but" は「〜を除いて」の意味です。

- You're the only one I want.
  あなたはたったひとりの大切な人。

the only one（唯一の人）は、恋する人に向けてよく使われる表現です。

72 なんて僕はラッキーなんだろう!
How lucky I am!

女性がハッピーな気分でデートができるのは、上品な言葉のエスコートがあってこそ。男性のみなさん、すすんでこのようなフレーズを口にしてください。

私が聞いたことのあるロマンチックな表現としては、

- You make me want to be a better person.
  あなたと知り合って、もっと素晴らしい人間になりたいと思った。

があります。エヘへ。

"You make me want to be 〜" は、「あなたは私を〜でありたいと思わせる」です。

好きだという気持ちを伝える英語といえば、

- I love you.
  愛してる。

でしょう。とてもシンプルですが、じつはとても重く、また深い言葉です。これにまさる言葉はない、と私は思っています。

73 あなたは僕にとって ほんとうに特別な人です。
You are so special to me.

好きな人にこう言われたらうれしいものです。
見た目のよさではなく、心の美しさにふれたとき、その人が自分にとって "special" な存在になっていきます。

- You're as beautiful on the inside as you are on the outside.
  あなたの外見の美しさは、あなたの心の美しさを映しだしています。

外見と内面の両方をほめて、こんなふうに表現することがあります。

- You are beautiful inside and out.
  あなたは、外見だけでなく、心も美しい。

あなたは外見の美しさだけでなく内面の美しさもある、ということを伝えるときの決まり文句です。言わずとも伝わっているはずと思うのは、男たちの怠惰にほかなりません。口にだして言うかどうかで、"その後" の展開は大きく変わってきます。

74 僕が彼とのデートを設定しようか?

Want me to set you up with him?

　好きだという気持ちを相手に告白できないとか、自分からデートに誘えないという人がいます。そうした人のために、みずからデートをアレンジしてあげようと申し出ているのが上の英文です。

・(Do you) Want me to 〜 ?「〜しようか?」
・set you up with A「Aとのデートをあなたのために設定する」

　英米では、blind date（目隠しデート）がさかんで、知人の紹介などで引き合わされてデートに出かけることがよくあります。

● W：Your coworker is cute.
　　あなたの同僚、かっこいいわね。
　M：Want me to set you up with him?
　　彼とのデートを設定してあげようか?
　W：Could you? I'm too shy to ask him myself.
　　お願いできる?　私、内気だから自分から言えないのよ。

75 ブラインド・デートをしてみない?
Want to try going on a blind date?

　前項でも説明しましたが、blind date（目隠しデート）というのは、面識のない二人が、知人の紹介などで引き合わされてデートに出かけることです。紹介者はデートの場には姿を見せないということが、お見合いとは違う点です。英米ではさかんにおこなわれており、初デートのときから意気投合して交際につながるケースもあれば、まるっきり話が合わなくて、

- It seems to me that we want different things.
  僕たち、求めているものが違うようだね。

と伝えて、会って1時間もしないうちにサヨナラすることもあります。

- He showed up dressed in blue from head to toe. Can you believe that?
  その人ったら、全身青ずくめでやってきたのよ。信じられる?

　ブラインド・デートには珍談がつきもので、それを話のタネにして友人たちと盛りあがるのも楽しみのひとつです。

76 彼にデートをすっぽかされた。
He stood me up.

「デートをすっぽかす」は、"stand A up"という表現を用います。このことを知っている日本人は、残念ながらごくわずかです。「Aに待ちぼうけを食わせる→Aとのデートをすっぽかす」と考えてみましょう。

- A：How was your date?
  デート、どうだった?
  B：He stood me up.
  彼ったら、すっぽかしたのよ。
  A：What a jerk!
  最低！

このようなjerk（最低の人間）もいるわけですが、ときにはやむをえない用事ができてデートをキャンセルせざるをえないこともあります。そうしたときは"reschedule"という動詞を使って予定を変更します。

- I have to work overtime, so can we reschedule our date?
  残業をしなくちゃならないんだ。デート、延期できる?

77 もうこんな時間。帰らなくちゃ。
It's getting late. I've got to go.

　どれほど楽しいデートでも、初デートは終電に間に合うように帰ったほうがいい。尻軽女（slut）だと思われるから。"I've got to go." を早く読むと "I gotta to go." になります。"gotta" は〔**ガッタ**〕と発音します。

- I better go or I'll miss the last train.
  もう帰るね。終電がなくなるから。

　"I better go." は "I'd better go." のことですが、"d" の音が口語ではほとんど発音されないため、このように表記されることがあります。

- I wish I could stay, but I have to get up early tomorrow.
  ここにいたいんだけど、あすの朝は早く起きなくちゃいけないの。

　落ち着いた感じで、このように言えば、相手も優雅に見送って（あるいは自宅までタクシーで送って）くれるでしょう。

78 今夜は誘ってくれてありがとう。
Thank you for asking me out tonight.

デートに誘われたほうはこのようにお礼を言います。
日本人の場合、Bye-bye.（じゃあね）とだけ言って別れてしまうことがよくありますが、"Bye-bye." はちょっと子どもっぽく聞こえます。好きな人とは、やさしい言葉をかけ合って別れたいものです。

- W : Thank you for asking me out tonight.
  今夜は誘ってくれてありがとう。
  M : I had a great time.
  楽しかったよ。
  W : See you soon.
  また会いましょうね。
  M : It's hard to say goodbye.
  さよならするのがつらいよ。
  W : Good night and sweet dreams.
  おやすみ。いい夢を。

このような会話ができれば、ぐっと二人の距離も縮まることでしょう。

第4章 自分を伝える
Telling Someone about Yourself

79 冒険心があります。

I am adventurous.

　アメリカでは "online dating" というインターネットを媒介にした男女の出会いが一般化しています。オンラインで知り合った相手と結婚に至るケースもめずらしくありません。

　日本でも「出会い系」と呼ばれるサイトがあり、一時期は怪しげなものがけっこう多かったようですが、最近では「マッチングアプリ」で真剣に"恋活"や"婚活"をする男女が増えてきました。

　そこでオンライン・デイティングを覗いてみると、自分が "adventurous" であることを売り込んでいる男女がひじょうに多いことに気づかされます。これは多くの場合、

- I have an open mind.
  広い心の持ち主だ。

ということを意味しています。文化の違いを受け入れたり、自分とは異なる意見にも理解を示す度量があるということをほのめかしているのです。

80 新しいことに挑戦するのが好き。
I like to try new things.

　前項で、adventurous（冒険心にあふれている）と自己アピールする人が多いと述べましたが、これもまた同じような意味をもちます。

　では、「新しいことに挑戦する」とは具体的にはどういうことを指しているのでしょうか。

- I like to travel.
  旅行が好き。

- I like to try exotic foods.
  エキゾチックな料理を食べるのが好き。

などと打ち明ける人もいるでしょうが、なかには、

- I like to experiment in the bedroom.
  ベッド上であれこれやるのが好き。

と、目を輝かせる人もいます。その具体的な内容は千差万別でしょうから、「新しいことって、たとえばどんなこと？」（Like what?）と聞くことをお忘れなく。

81 ルックスはいいほうです。
I'm attractive.

多くの日本人は"アトラクティヴ"を「魅力的な」と理解していますが、英語の"attractive"は、内面の魅力ではなく、もっぱら性的な魅力を含む外見上の魅力を指して使われるということを覚えておいてください。

- I'm physically fit.
  引き締まった体です。

もよく出てきます。"attractive"も"physically fit"も、要は I'm not overweight.（太っていない）ことを意味しています。

- I'm an eight.
  8点です。

と、売り込んでいる人もいます。これは「容姿や容貌が10点満点で8点です」、つまり「ルックスはけっこうイケてる」ことをアピールしています。かりにある女性が"a ten"ならば、彼女は a total knockout（ものすごい美人）ということになります。

82 弁護士として活躍しています。
I am a successful lawyer.

　とくに男性は職業人として成功していることに胸を張ります。そんなとき、よく出てくるのが"successful"という単語。これは何を意味しているのでしょうか。
　"successful"は「成功している」という形容詞ですが、世のためになっているとか、仕事にやりがいを感じているとかではなく、ズバリ、収入が高いということを意味しています。自分は仕事で成功して金持ちになっていることを"successful"という単語で言いあらわすのです。

● I'm financially secure.
　十分な収入があります。

　大金持ちではないけど、「経済的に安定している」ということをアピールしたい人は、"financially secure"という表現を使います。
　では、"independently wealthy"の意味がわかりますか。
　これは「仕事をしなくても食べていけるほど裕福である」という意味です。たまに、こういう人もいます。

83 自分で言うのもなんだけど、気どらない性格だと思う。
I would say I'm down-to-earth.

　アメリカ人が好んでよく使う表現が "down-to-earth" です。「足がしっかり地についた」ですが、「現実的な (practical)・堅実な・社会常識がある・気どりがない (unpretentious)」などの意味を含んでいます。

　アメリカ人は、おうおうにして「現実的で、気どりがない、大らかな人」が好きです。"down-to-earth" には、それらすべてがミックスされています。

- My boyfriend and I are both down-to-earth.
  彼も私も気どらない性格なの。

　こう胸を張る人たちがたくさんいます。"down-to-earth" であることに価値をおいているのです。

　逆に、嫌われるタイプは「非現実的で・気どっている」ということになります。日本語に「軽薄で・チャラい」という表現がありますが、英語では shallow（浅はかな・中身の薄い）という語がそれに対応します。

- He is so shallow.
  あいつはホントにチャラ男だ。

84 あたしは、あまり手のかからない女よ。
I'm low-maintenance.

"maintenance"は「維持・保持・管理」で、〔メンテナンス〕ではなく、〔メインタナンス〕と発音します。

多くの読者になじみのある英単語でしょうが、"low maintenance"というのは、物欲がなく、精神的に自立していて、その"維持"にお金と手間がかからない人を指して使われます。

いっぽう、わがままで、あれこれと注文が多く、さまざまな配慮と多額の資金を必要とするような人を high maintenance（お金のかかるわがままな人）と呼びます。こうした見栄のカタマリのようなタイプは男性にも女性にもいますが、多くの場合、女性にその傾向が強いようです。デートの食事は高級レストランじゃないとだめ。誕生日プレゼントは高価なアクセサリーじゃないとだめ。いつも自分の気分を最優先してくれないとだめ……。

- You have to watch out for high maintenance women like her.
  彼女のような金のかかる女には気をつけろよ。

このように忠告を受けることになります。

85 小柄な女性が好き。
I like petite women.

　ここからはどんなタイプが好かれるのかを探ってみたいと思います。

　petite（小柄な）は〔ペティーt〕と発音します。"petite"はもともとフランス語ですが、アメリカ人は好んで使っています。

　なぜでしょう。

　英語でshort（背が低い・チビで）と言ってしまうと、あまりにストレートに響くからです。

　リサーチをしてみると、"petite"な女性が好き、という男性は意外に多い。ひょっとすると、これは隠れた真実かもしれません。

　では、小柄とは、いったいどれぐらいの身長の人なのでしょうか。

　アメリカ人の感覚では、だいたい160センチ未満の人を指しているようです。日本人の場合、160センチ未満の女性は全女性のおおよそ半分ぐらいかと思われますが（ある統計によると、20歳から30歳までの女性の平均身長は158センチ）、日本人女性が欧米の男性に好かれる理由は案外、小柄であるからかもしれません。

86 ナイスバディな女性が好き。
I like curvy girls.

「ぽっちゃりした」を辞書で引いてみると、plump（太めの）や chubby（太っちょの）などの単語が見えますが、これらにはネガティヴなニュアンスが漂っています。こんなふうに形容されて喜ぶ女の子はまずいないでしょう。

とくに女性は、自分の容姿を男性がどう形容したかをとても気にします。友だちのひとりは「以前（それも10年前！）、彼から "chubby" と言われた」と怒っていました。いまも忘れないでいるのです。

"curvy" は curve（カーヴ・曲線）の形容詞形で、女性に対してだけ使われます。〔**カーヴィ**〕と発音します。「曲がった部分の多い→曲線美をもった」の意味ですが、voluptuous（肉感的な・色っぽい）でもあります。〔**ヴァラプチュア** s〕と発音します。

ちなみに「ナイスバディ」は和製英語です。

いずれにしても、"curvy" という形容詞はほめ言葉であるということを忘れないでください。

- You'd be surprised how many men like curvy women.
  ナイスバディな女性が好みという男は意外に多い。

87 僕はブロンドが好みなんだ。
I'm into blondes.

 好みというのは人それぞれで、「ブロンドの女性」が好きだという男性もいれば、「ひげをはやした男性が好み」という女性もいます。
 ここでは、自分の好みを言うときの便利なフレーズ、I'm into A.（Aに夢中である・Aが大好きだ）という表現を覚えましょう。

- I'm into mustaches.
  あたし、口ひげ好きなの。

- I'm into flat chested women.
  僕は胸の小さい女性が好みなんだ。

 "in" が「～の中で」〈静止〉の意味をもつのに対し、"into" には「～に入り込んで」〈突入〉という含みがあります。ネイティヴは〈突入→侵入→変化〉というイメージをもって、この "into" という前置詞を捉えています。さらに、この "into" は「のめり込んで」というイメージにつながって、〈没頭〉や〈没入〉を意味するようになりました。

88 僕は青い目をしたブロンド女性が好みなんだ。
I have a thing for blue-eyed blondes.

　I'm into A.（Aに夢中である）と並んで覚えておいてほしいフレーズがこれ。自分の好みを言うとき、日本人は、

- I really like blue-eyed blondes.

- I love blue-eyed blondes.

　などのように、"like"や"love"を使って言いあらわそうとしますが、I have a thing for A.（Aが大好きである）はなかなか出てこないようです。このフレーズはネイティヴ・スピーカーが好んで使う表現なので、ぜひ覚えておいてください。

- A : That guy is staring at us.
    あの人、私たちのほうをじっと見てる。
  B : He's staring at *you*. I think he has a thing for you.
    あなたを見てるのよ。彼、あなたのことが気に入ったみたいだわ。

89 がっしりした男性が好き。

I like men with an athletic build.

athletic〔アスレティック〕は「スポーツマンタイプの・筋骨たくましい」という形容詞。build〔ビゥd〕は「体型・体つき」です。

日本人は「スポーツマン」という言葉をよく口にしますが、英語の "sportsman" は sportsmanship（スポーツマン精神）をもった人を指します。

日本人が言うところの「彼はスポーツマンだ」は、「彼はスポーツが得意だ」と言い換えて表現します。

● He's good at sports.
彼、スポーツマンなの。

日本人はまた、"macho" を勘違いしているようです。

macho（男らしい）は、肉体的な力強さにくわえて、女性を従えるさま、タフさなど、やや大げさに表現された男らしさを指して用いられます。現代では、たいていネガティヴな意味で使われています。

発音も多くの人がスペイン語ふうに〔マッチョ〕と言っていますが、英語の "macho" は〔マーチョウ〕です。

90 私って面食いなの。
I'm a sucker for a handsome face.

まずは、語句を確認しましょう。

・a sucker for A「Aに夢中になる人・Aに弱い人」
・a handsome face「ハンサムな顔」

顔だちのよい人ばかりを好む人を「面食い」と言いますが、男性のなかにも、きれいな顔だちの女性を好む人がいます。

● I'm a sucker for a pretty face.
僕は面食いなんだ。

たしかに英語でもこのような言い方をしますが、日本語と違うところは、そうは言っても、顔だちのよさがすべてではないと思っていることです。じっさい、「ハンサムじゃないけど、素晴らしい性格の人とめぐりあえた」と喜んでいる人はたくさんいます。

面食いであるのはいいとしても、「顔がすべて」であることを強調すると、そのレベルで恋人を選んでいるのかとあきれる人もいるということを知っておいてください（欧米ではとくにその傾向が強いように思われます）。

91 私、褐色の肌をした男性に惹かれるの。
I'm attracted to men with darker skin.

　日本人のなかには、I have a thing for black guys.（私は黒人男性が好み）と、あからさまに言う女性もいますが、見方によっては、人種差別的に聞こえなくもありません。
　人種というカテゴリーに押し込めて、その全体に対して好悪(こうお)を言うのはもはやご法度です。
　I'm attracted to Asian women.（僕はアジア系の女性に惹かれるんだ）も同様。そうではなくて、

- I'm attracted to women with straight, black hair.
  僕はストレートの黒髪の女性に惹かれる。

と、言いあらわすのが一般的です。
　じっさい、アジア人の女性を好むアメリカ人の男性はけっこういます。エキゾチックで、エロティックで、男にかしずき、そして従順である、といったイメージが浸透しているからでしょう。しかし、人種を持ちだして好き嫌いをあらわにすることは、みずからの見識と教養のなさを露呈することにもなります。

92 一緒にいてくつろげる人がいいな。
I'm looking for someone laid-back.

　仕事に熱心で人生経験を積んだ人ほど、家庭では"laid-back"な人と一緒にいたいと望み、みずからもそうありたいと願っているようです。
　"laid-back"は「くつろいだ・ゆったりと構えた」という意味。アメリカ人が好んで使う表現です。気どらない、おおらかな性格であることをイメージさせます。〔レイドバック k〕と発音します。

- I'm looking for someone easygoing.
  一緒にいてのんびりできる人がいいな。

　このように言いあらわすこともできます。
　"easygoing"は「のんきな」という意味。これも、あくせくしない、こせこせしない気質の人を指して使われます。〔イーズィゴウイン g〕と発音します。

- I want someone I can relax with.
  一緒にいてリラックスできる人がいいな。

　もちろん、このように言ってもOKです。

93 気が利く人が好き。
I like people who are perceptive.

　神経過敏ですぐにイライラしてしまう人が嫌われがちなのに対し、適度に神経がこまやかで配慮がゆきとどいた人が好まれる傾向にあります。"perceptive" は、洞察力があって、それが知覚の鋭さとなってあらわれた状態を示します。辞書には「明敏な」と出ていますが、「こまかいところまでよく気がつく」と覚えていれば、もっと使い勝手がよくなるのではないでしょうか。

- She's very perceptive.
  彼女はこまかいところまでよく気がつく。

　明らかにこれはほめ言葉ですが、度がすぎると、逆に神経質な人だと陰口をたたかれます。

- I don't like high-strung people like her.
  彼女のように神経質な人は嫌いだ。

　"high-strung" というのは「神経質な」という意味の口語表現です。

94 やさしい人が好き。
I like someone who's considerate.

　日本人に「どんな人が好き？」と聞くと、「やさしい人が好き」という返答がかえってきます。そこで、「やさしい人ってどんな人？」とたずねると、たいていそれは「思いやりのある人」であることがわかります。日本人であれアメリカ人であれ、思いやりのある人が好きなようです。
　「思いやりがある」とは、他人の身になって考えること。英語では「考える」を語源にもつ considerate（思いやりのある）と thoughtful（配慮のゆきとどいた）を用います。

- M : You're always so thoughtful.
  きみはやさしいね。
  W : That's nice of you to say.
  そう言ってくれるとうれしいわ。

　ここでは、女性の受け答えにも注目していただきましょう。ほめられると、ふつう「ありがとう」のひとことですませてしまいますが、思いやりのある人は、That's nice of you to say.（そう言ってくれるとうれしい）や That's nice to hear.（それを聞いてうれしい）で応じます。

95 ロマンチックな人が好みなの。
I like guys who are romantic.

"romantic" の発音は、〔ロマンチック〕ではなく、〔ロゥマンァティック〕です。

- How romantic!
  ロマンチックだわ！

女性はロマンチックな人や会話や場所が好きだと言われますが、最近では男性もこのような声をあげるようになりました。そもそも恋愛それ自体がロマンチックなもの。それを存分に楽しみたいというのは女性も男性も同じなのです。

- Let's keep the romance alive forever.
  ずっとロマンチックな関係でいようね。

keep the romance alive（ロマンチックな関係でいる）は慣用句です。
ロマンチックとは、相手の感情に気を配るということ。ロマンチックなことなくして恋の成就はありません。

96 明るい性格の人が好き。
I like a person who's upbeat.

「明るい」を「陽気な」と言い換えて、

- I like a person who's cheerful.

としてもいいのですが、ここではぜひ "upbeat" という単語を覚えてください。
"upbeat" は「(人が) 楽しい・快活な・楽観的な」という意味。口語でよく用いられます。

- I like an outgoing person with a nice smile.
  笑顔の素敵な社交的な人がいいわ。

outgoing は「社交的な・生きることに前向きな」という意味。こういう人もまた好かれます。
いっぽう、つき合いたくないと思われているのは、negative (暗い)、unfriendly (冷たい)、unsociable (非社交的な) などの人たち。

- I can't date someone who's so negative.
  性格の暗い人とつき合うだなんて御免だわ。

97 正直でいるのがいちばんだと思うよ。
It is important to be honest.

男であれ女であれ、好みのタイプは人それぞれです。

- I want someone romantic.
  ロマンチックな人がいい。

こんな望みを抱いている人もいれば、

- I'm looking for someone who understands me.
  僕を理解してくれる人を探している。

と、願う人もいます。
　恋愛においては、自分をよく見せたいと思うあまり、自分の気持ちを偽ったりすることがあります。しかし、one-night stand（一夜かぎりの情事）ではなく、

- I'm looking for a serious relationship.
  真剣な恋愛をしたいと思っている。

　こうした人たちが相手に求めるのは、いまも昔も honesty（正直であること・誠実であること）のようです。

98 きみってユーモアのセンスがないね。
You have no sense of humor.

　アメリカでは、機知に富んだ会話で場をなごませることのできる人をことのほか高く評価します。だから、恋人から「あなたはユーモアのセンスがある」と言われるのはまぎれもなくほめ言葉です。アメリカ人は、恋愛市場で自分を売り込もうとするとき、「ユーモアのセンスがある」ということをしきりに強調しようとします。

　逆に、「ユーモアのセンスがない」ことは致命的です。しかし、ユーモアにもいろいろあって、多くの人は、

- I don't like people with a raunchy sense of humor.
  下品なユーモア・センスをもった人が苦手だ。

と、言います。raunchy〔ゥローンチ〕は「下品な・みだらな」という形容詞です。私の場合は、

- I prefer someone with a dry sense of humor.
  ポーカーフェイスで意味深長なジョークを言える人が好き。

と、よく言っています。なかなかいませんけど……。

99 自分より神経質な人とは つき合いたくない。
I won't date anyone more neurotic than me.

"neurotic" は「神経症の・神経過敏の」という形容詞で、〔ニュラティック k〕と発音します。

さて、どんな人が "neurotic" でしょうか。

私が "neurotic" と聞いて思い浮かべるのはウディ・アレン（米国の俳優・映画監督）ですが、意外に神経質な人は多いものです。時間にうるさい人、異常に潔癖な人、チョコレートとワインにうるさい人（私です）……。

そんな人と四六時中ずっと一緒にいると疲れるものです。

しかし、多かれ少なかれ、人はそれぞれにこだわりをもっているものです。

- I don't like people who are uptight.
  いつもイライラしている人って苦手。

落ち着きがなく、早口で、いつもイライラしている人っていますよね。それが "uptight" な人。「恋人にしたくないタイプ」のアンケートでは、つねに上位にランク・インします。「イライラした」という意味の形容詞で、口語でよく使われます。アクセントの位置にも注意してください。〔**アップタイ** t〕と発音します。

第4章 自分を伝える Telling Someone about Yourself　111

100 気の短い人とは一緒にいたくない。
I don't want to be with someone with a short temper.

　日本のある女性誌が「嫌われるタイプの男性」を特集していました。興味深く覗いてみると、気の短い男（a short-tempered man）は、恋人として避けられる傾向にあるようです。これが、アメリカでアンケートをとると、わがままな男（a selfish man）がたいてい上位にランク・インします。

- Most men are short-tempered to some degree.
  男は多かれ少なかれ、みんな気が短いんだ。

- Where in the world do you find a man who isn't selfish?
  わがままじゃない男なんていったいどこにいるんだい?

　などの反論が男性から聞こえてきますが、短気な男性であれ、自分勝手な男性であれ、どうも一部の男性は、つねに自分が「主」、もしくは「中心」でありたいという願望をもっているようです。

101 不満ばっかり言う人は嫌い。
I hate people who complain all the time.

人は誰でも不平や不満をもっています。しかし、たえず不平を言っている人もいれば、周囲の人を気づかって、つとめて不満をこぼさない人もいます。

不平や不満を口にする人は自己中心的な人がほとんどです。こうした幼児のような人と誰が一緒にいたいと望むでしょうか。

- Stop complaining and be more considerate of others.
  自分の不満ばかり言ってないで、もう少し他人のことも思いやったら。

ついこのように言いたくなってしまいます。とはいえ、知らず知らずのうちに愚痴をこぼしてしまうのが人間。

- Never complain. Never explain.
  不平を言わない。言い訳をしない。

尊敬するキャサリン・ヘプバーン（米国の女優）の口ぐせを自戒の言葉としたいと思います。

第4章 自分を伝える Telling Someone about Yourself　113

102 ちゃんとした仕事についていない人なんてだめ。
I don't want to go out with anyone who doesn't have a real job.

こんな不平をもらす女性がたくさんいます。

"real job" とは、正社員としてフルタイムで働く「定職」のこと。

アメリカ人男性と離婚した日本人女性は、「ちゃんとした仕事についていない人なんてだめ。彼なんか、私のお金をあてにして、いっこうに定職につこうとしなかったんだから。貯金どころか、私の実家にまで借金したんだから」と愚痴をこぼします。

しかし、現在では働き方もずいぶん変わり、パート・タイムでちゃんと生計を立てている人も数多くいます。じっさい、日本人女性と結婚している友人のカナダ人男性は、パートタイマーで英会話学校や学習塾の講師をしながら、レストランを開くための資金をせっせと貯めています。

ですが、いつ解雇されるかわからない不安にくわえ、ボーナス、退職金、社会保険などの問題がからむと、どうしても恋人（配偶者）に "real job" を得てほしいと望んでしまうようです。これに関しては、合意に至るまで、二人でよく話し合うことです。

103 背中が毛むくじゃらだと感じないの。
Hairy backs are a turn-off.

性的に興奮させるもの（人）は"turn-on"ですが、逆に、性的に興ざめさせるもの（人）のことを"turn-off"と言います。動詞として用いれば、「興ざめさせる」という意味になります。

趣味や嗜好(しこう)は説得してもなかなか変わらないので、相手の好き嫌いはあらかじめ知っておくとよいでしょう。

ある友人は、「背中が毛むくじゃらな男だと感じない」とのこと。

- Beards really turn me off.
  あごひげが私、ダメなの。

このような嗜好の持ち主もいます。

友人の日本人男性（本書の翻訳者：里中氏）は、言葉づかいにうるさい人で、

- Women who swear turn me off.
  きたない言葉を使う女は、それだけでもうダメ。

だそうです。

104 タトゥーをしている人は対象外。
Tattoos are a deal-breaker for me.

"deal-breaker" はどんな意味なのでしょうか。

直訳すると、「合意 (deal) を決裂させるもの (breaker)」、あるいは「交渉を難航させるもの」と解することができます。つまり、恋愛をすすめるうえで「受け入れがたいもの」、あるいは結婚生活をいとなむうえで「看過できないもの」を指すのです。

「つき合ってから互いの趣味が合わないということがわかった」というたぐいの話をよく聞きますが、いっぽうでは「最初から合意のうえでつき合いたい」と趣味・嗜好を恋愛の条件として突きつけてくる人もいます。

- M : What's a deal-breaker for you?
    きみが苦手なものは何?
  W : Smoking is a deal-breaker.
    タバコは論外ね。

じっさい、オンライン・デイティングなどの自己紹介文を見ると、恋愛の対象外である人をリストに挙げている人が多数います。なかでも多いのは、男女ともに、タトゥーをしている人、それからタバコを吸う人です。

105 彼女ったら、謙虚ぶって自慢するのよね。
She's always humblebragging.

humblebrag（謙虚ぶって自慢する）は、「謙虚な」を意味する humble〔ハンボゥ〕と、「自慢する」を意味する brag〔ブラァ g〕が合わさった単語です。

謙虚をよそおって自慢する女性がいます。それも、うんざりした表情で自慢してみせるのです。あからさまな自慢よりもタチが悪いですね。

● I'm mistaken for Angelina Jolie all the time. Can you believe that?
私ったら、もうしょっちゅうアンジェリーナ・ジョリーに間違えられるの。信じられないでしょ？

こう言いながら、ほんとうに「困った」という表情をつくるのです。こういう女性、実在しますね。

聞かされたほうは、「どこがアンジェリーナ・ジョリーなの？」と思わずツッコミを入れたくなるのですが、当人は本気でそう思っているらしいので、こちらもあっけにとられて口をつぐんでしまいます。みなさん、間違ってもこんなふうに言ったりしないでくださいね。

第5章 いちゃいちゃする
Messing Around

106 親密な関係になりたくない。
I don't want to be intimate.

　男女が"intimate"な関係にあるといった場合、あなたはどんな関係を思い浮かべるでしょうか。

- We're close but not intimate.
  僕たちは仲がいいけど、最後まではいっていない。

　日本語では「親密な」とか「深い」と訳されますが、英語ではどんなに親しい間柄でもセックスのない関係を"intimate"と呼ぶことはありません。"intimate"は肉体関係をともなった親密さを示唆しています。

- Have you been intimate?
  あなたたちはもう寝たの?

　とはいえ、男女間では"intimate"の捉え方が若干異なるようです。男性は、セックスをすれば"intimate"であると考えがちであるのに対し、女性は性行為だけでなく、キスや抱擁、会話や配慮といった情緒面での親密さを重視しているようです。

107 口を大きく開けすぎないで！
Don't open your mouth too wide.

キスにもいろいろあります。

なかでもみなさんがよく知っているのは「ディープ・キス」ではないでしょうか。

口を開いて舌を相手の口の中にいれるキスを日本人は「ディープ・キス」と呼んでいますが、英米人はそれを"French kiss"と言っています。

第一次大戦中、フランス人が情熱的なキスをしているのを見たイギリス兵士がそう呼んだのが始まりとされています。

日本語で「フレンチ・キス」というと、軽いキス（light kiss）を指して使われていますが、英語の"French kiss"は「舌をからませる濃厚なキス」です。

さて、「フレンチ・キス」にもじょうずとヘタがいて、ヘタな人は口を大きく開けてしまいがち。口を開けすぎると、歯にふれてしまうことになります。キスで歯がぶつかり合ってしまうのはまったくの興ざめ。

キスで大切なことは、くちびるをとがらせないこと。

フレンチ・キスで注意すべきは、口を大きく開けすぎないこと。

108 困るわ。まだその気になれないの。

You're confusing me.
I'm not ready for that yet.

まだその気にならないのに、しきりにキスをしたがったり、体をさわってくる男性がいます。そんなときに上のフレーズをささやきます。簡単に、

- Stop it!
  やめて！

- Not yet.
  まだ、ダメ。

と、言うこともあります。
それでもやめないようだったら、

- Don't be so pushy!
  しつこくしないで！

- Cut it out! ＊〔カレラウt〕と発音します。
  いい加減にしてよ！

などと言って、にらみつけてやりましょう。

第5章 いちゃいちゃする Messing Around

109 うちへ寄ってく?
Would you like to come in?

デートの帰り道で、このように声をかけられることがあります。あるいはまた、

- Would you like to come upstairs?
  上がっていかない?

- Would you like to come inside for a drink?
  入って一杯飲んでいかない?

と、誘われることもあります。

むろん、その気があって誘う男性が多いでしょうが、性愛行為につながるのは女性の了解があってこそ。

また、女性のほうから「寄っていかない?」と声をかけた場合、「彼女はセックスを期待している」と固く信じ込んでいる古いタイプの男性がいますが、それはむかしの話。おしゃべりをして、一杯飲んで、「それじゃあ」と帰っていく男性もけっこういます。

どちらが誘ったにせよ、相手の意思を尊重しなくてはならないのは言うまでもありません。

110 私のこと、くどいてるの?
Are you flirting with me?

"flirt" は、仲よく話をしたり、笑ったり、からかったり、お世辞を言ったり、軽くさわったりする行為を指します。つまり、「いちゃつく・じゃれ合う・ふざける」です。でも、真剣に目を見つめ合ったり、熱烈なキスを交わしたりはしない。軽い調子で、相手に「興味がありますよ」との印象を与える行為のことです。〔フラー t〕と発音します。

- I'm not trying to flirt with you, but you have beautiful eyes.
  べつに誘惑してるわけじゃないけど、きみってきれいな目をしているね。

なかには、好意を寄せている人に気軽に声をかけられない男性(女性)もいます。

- I'm terrible at flirting.
  くどくのがヘタなんだよね。

こうつぶやいて、頭をかかえる男性(女性)もいます。

111 ニックとユカはいつもラブラブね。
Nick and Yuka are always making out.

同じ「いちゃつく」でも、キスまで至らないのが "flirt" で、情熱的なキスはするものの、セックスを含まないのが "make out" です。「抱き合って、ずっとキスをしている」というイメージがこの表現にはあります。

だから、恋人以外の女性と "make out" すれば、

- I saw you making out with that woman yesterday. How could you do that to me?
  きのう、あの女といちゃついているのを見たわよ。どうやったら私に対してそんなことができるわけ?

と、恋人に詰め寄られることになります。

日本人は町なかであまりいちゃついたりしませんが、欧米ではよく見かける光景です。

- Japanese are too concerned with what others think.
  日本人は人目を気にしすぎるよね。

"making out" はときに、風景に溶け込んだ美しい情景になることさえあります。

112 なんだかエッチな気分になってきちゃった。
You're turning me on.

なかなか出てこない言いまわしです。
"turn A on" は、「(性的に) Aをエッチな気分にさせる・AをムラムラさせるŚ」です。"on" の状態になるようにひねる (turn) と考えられています。たいへんよく使われる表現です。

- Everything you do turns me on.
  あなたのすべてに感じちゃう。

耳もとで、こんなふうにささやいたりします。

- Are you turned on?
  エッチな気分になったの?

- I'm turned on.
  なんだか、私、感じてきちゃった。

be turned on (エッチな気分である) もあわせて覚えておきましょう。

113 ああ、やりたい。
I'm horny.

アメリカ人女性が日本人男性に向かって、"I'm horny." とささやきました。しかし、彼は "horny" の意味がわからない。どういう意味かと聞いたところ、I wanna have sex with you.（セックスしたいの）との返事がかえってきたのだそう。

"horny" は、辞書には「欲情した・性的に興奮した」と出ていますが、「（セックスを）したくなって」がピッタリです。恋人同士の会話では、男性だけでなく、女性もよく使います。

男性の場合、もっと露骨に、

- I'm hard.
  固くなってきた。

と、言う人もいます。女性のほうも、

- I'm wet.
  濡れてきちゃった。

と、男性の耳もとでささやくことがあります。

114 マッサージしてあげようか?
Would you like a massage?

　#MeToo は、セクハラ (sexual harassment) の被害を SNS で告白・共有する運動。創始者はタラナ・バーク (Tarana Burke) という黒人女性。

　ある映画女優が、セクハラ被害を受けたことのある女性たちに向けて "Me too." と声をあげるよう Twitter で呼びかけたことが発端になって世界に広まりました。

　被害にあった女性たちがその手口を明らかにしているのですが、セックスをしたいと思っている男たちの多くが「マッサージしてあげようか?」と申し出るのだそうです。どうやら軽く足や肩などを揉みながら、だんだんその気にさせようとする魂胆のようです。二人きりのときに「マッサージしてあげようか?」と言われたら、男性の手は〝その先〟を目指していると思って間違いありません。

　好きでもない男から個室でマッサージを受けるのもそもそも問題がありますが、少なくとも男性は、

- Let me know when you want me to stop.
  やめてほしければ言って。

　ぐらいのことは前もって言うべきです。

115 抱きしめて。
Hold me.

「抱いて」のもっとも一般的な表現といえばこれです。

- Hold me tight.
  しっかり抱いて。

は、ラヴソングのありふれた歌詞です。

- She gave me a big hug and said, "Goodbye."
  彼女は僕をギュッと抱きしめ、「じゃあ」と言った。

"hug" は親密さをあらわす抱擁で、あいさつ・祝福・慰めの表現としてよく用いられます。

- They were cuddling in the back seat.
  彼らは後部座席で体を寄せ合っていた。

cuddle〔カドゥ〕もよく使います。
「(愛情をこめて) 抱きしめる」です。"cuddle" はときにセックスにつながるような抱擁や、セックスをしたあとの抱擁をイメージさせます。

116 昨晩、カレンと僕は素晴らしいセックスをした。
Karen and I had great sex last night.

「セックスをする」を、英語では "have sex" と言います。

日本では、"how to sex" などのように、"sex" を動詞として使っている例を見たり聞いたりしますが、英語では「セックスする」という動詞として用いることはありません。

- I had sex with a boy for the first time when I was sixteen.
  私のセックスの初体験は16歳のときだった。

また、"have sex" は1回ごとの行為を指すだけでなく、恒常的に「セックスのある関係を維持している」という意味でも使います。

配偶者や恋人との関係がぎくしゃくしている人に、

- So, are you two having sex?
  ところで、あなたたち二人はセックスしてるの?

と、聞くことがあります。

117 もうリチャードと寝たの?
Have you slept with Richard?

「セックスをする」の婉曲表現として「寝る」がありますが、英語でも"sleep"を使います。「Aと寝る」と言いたいときは、"sleep with A"を使います。

- How many girls have you slept with?
  これまで何人の女の子と寝たの?

というわけで、「(男女がともに)寝る」ことを"sleep together"と言います。

- You've gone out with him six times and you still haven't slept together?
  彼ともう6回もデートしているのに、まだ寝てないわけ?

- We haven't slept together yet.
  僕たち、まだ寝ていないんだ。

- I think those two are sleeping together.
  あの二人、寝てる、と思う。

118 車の中ではやりたくない。

I don't like to do it in a car.

　性行為そのものをあらわす口語表現は、ご想像どおり、たくさんあります。"do it" もそのひとつです。

　もちろん "do it" が、かならずしもつねに "have sex" の意味をもつわけではありませんが、シチュエーションによって「セックスをする・アレをする」という意味になります。

- Let's do it here.
  ここでやろうよ。

これなどはかなり露骨な感じがしますが、

- Generally speaking, how often do married couples do it?
  一般に、夫婦はどれくらいの頻度でセックスをしているのでしょうか?

となると、"have sex" の婉曲的な表現として用いられているのだとわかります。

119 夕暮れのビーチで愛し合うのは ロマンチックよ。

Making love on the beach at sunset is romantic.

　使い方にもよりますが、have sex (セックスをする)、sleep with A (Aと寝る)、do it (やる) は、ストレートな表現と言えます。

　ここで取りあげた"make love"も明らかに「セックスをする」という含みがありますが、日本語の「愛し合う」とか「愛を交わす」に相当する表現と言えましょう。ポエティックな響きをもっているため、口語のみならずラヴ・ソングでも欠かせない表現となっています。

- I wanna make love to you.
  愛し合いたいな。

- I miss making love with you.
  あなたを抱けなくてさびしい。

　このように「～と愛を交わす」という場合、前置詞は"to"または"with"を使います。「違いはあるのですか？」とたまにたずねられますが、違いはありません。どちらもよく使われています。

120 セックスしたい。

I want to get laid.

"get laid" も「寝る・セックスする・エッチする」の意味をもちます。つまり、"get laid" は "have sex" のことなのです。男女ともによく用います。laid は〔レイd〕と読みます。

- When was the last time you got laid?
  最後にセックスしたのはいつ?

- She got laid at least three times last week.
  先週、彼女は少なくとも3回はセックスした。

もうひとつ、カジュアルな表現をご紹介しましょう。

- I hope I get lucky tonight.
  今晩、誰かとやりたいなあ。

"get lucky" は「運よく成功する」ですが、そこから「(初対面の相手と) セックスする」という意味が生まれました。これは男性がよく使う表現です。

第5章 いちゃいちゃする Messing Around　133

121 セフレがほしい。
I'm looking for FWB.

　真剣な関係になるつもりはない二人が、会えばセックスをするというのが "friends with benefits" です。"FWB" と略します。〔エフ・ダブユ・ビー〕と発音します。
「特典（benefits）つきの友だち」、つまりセックスという〝特典〟もついた友だち、日本語で言うところの「セックスフレンド・セフレ」のことです。

● Katie just wants to have sex. We're friends with benefits.
ケイティはセックスだけの関係がいいんだって。僕たちはセフレなんだ。

　"one-night stand" は「一夜かぎりの相手」ですが、"friends with benefits" はときどき会って、セックス以外にも、一緒に食事をしたり、ふつうの友だちのように会話をする相手のことを言います。
　完全にセックスのためだけの相手なら、より露骨かつ下品に bed buddy（ベッドの相手）、fuck buddy（やるだけの相手）、booty call（セフレ）と呼ぶこともあります。

122 カジュアルな感じでつき合えたらと思っている。
I'm interested in casual hookups.

　しきりにこのように言う人がいます。いったいカジュアルな関係とはどんなものなのでしょうか。

　"hookup" とは「(何かと何かを) つなぐもの」。もともと「中継・ネットワーク」などの意味をもちますが、スラングでは「セックスすること」を指します。というわけで、"casual hookups" とは、すなわち "casual sex" のことを暗に意味しているのです。

- No hookups.
  男女の関係になるのはお断わり。

こんなふうにも使います。では、

- No ONS.

の意味がわかりますか。

　これは "online dating" などでよく見かける表現で、"one-night stand" の略。つまり「一夜かぎりの関係はお断わり」という意味です。

性 # 123 服を脱いで。
Take off your clothes.

ロマンチックな雰囲気につつまれたら、しばし沈黙のあと、そっとこう切りだします。そして、そこからは互いが競争するように服を脱いでいく……そんな光景が目に浮かびます。

相手の服を脱がせることに愉楽(ゆらく)を感じる人は、

- Let me take off your clothes.
  服を脱がせてあげる。

と、言います。

下着姿をじっくり観賞したい人(これは男性が圧倒的に多い。男性の下着姿をじっと見ていたいという女性に会ったことがありません)は、

- Just leave your underwear on. I'll take it off for you.
  下着だけになって。下着は僕が脱がせてあげるから。

と、うながします。

124 美しい体だね!
What a beautiful body!

　裸の恋人を見て、このような感嘆の声をあげます。気持ちを込めて言ってみましょう。

- You are perfect.
  完璧だ。

　見事なプロポーションであれば、このように言ったりします。
　恋人たちはまた、肌をふれ合うのが大好き。

- You have beautiful skin.
  きれいな肌をしているね。

- Your skin is so soft.
  やわらかな肌だね。

- Your skin is so smooth.
  なめらかな肌だね。

　などと称賛します。

125 きれいな胸だね。
Your breasts are beautiful.

　一般に「胸」をあらわす表現として"chest"があります。男女ともに用います。
　とくに男性のたくましい胸をほめるときは、

- You have such a big chest.
  たくましい胸ね。

と、言います。
　女性の胸を指す言葉にはさまざまな言いまわしがありますが、breast（胸）がフォーマルな言い方で、多くの男女が好ましい表現として用いています。
　boobs（オッパイ）や tits（オッパイ）はカジュアルなスラングで、恋人に対して、あるいは男同士で使ったりします。

- Your boobs are beautiful.
  きみのオッパイ、きれいだね。

- She's got big tits.
  彼女はオッパイがでっかいな。

126 可愛いお尻だね。

You have a cute butt.

　日本人が言う「お尻・尻・ケツ」には、それぞれ bottom（お尻）/butt（尻）/ass（ケツ）が対応します。
　"bottom" は「(物の)底」ですが、人間が座った場合、"底" にあたるのがお尻になるというわけです。

- Her skin is as soft as a baby's bottom.
  彼女の肌は、赤ちゃんのお尻のように柔らかい。

　"butt" はインフォーマルな表現ですが、日常会話ではたいへんよく用いられます。

- You've got a nice butt.
  いいお尻してるね。

　"ass" はかなり下品な言いまわしです。

- Look! That woman has a nice ass.
  見ろよ！　あの女、いいケツしてるな。

　恋人同士、男性同士ではよく使われています。

127 食べちゃいたい。
I wanna taste you.

アメリカ人は好んでこの言いまわしを使います。
　文字どおりの意味は「きみを味わいたい」ですが、日本人でこのように言う人はまずいないでしょう。
　この場合の"taste"は、キスをしたり、舌を這わせたり、なめたりする行為（oral sex：オーラル・セックス）を指して使われます。

- I wanna give you pleasure.
  = I wanna pleasure you.
  気持ちよくさせてあげる。

と、言うこともあります。
　汗ばんだ肌をなめられることに抵抗を感じる人も多く、そういうときは、

- Wait. Let me take a shower first.
  ちょっと待って。まずシャワーを浴びさせて。

と、伝えます。

128 さわって。
Touch me.

ふれてほしいところがあったら、

- Touch me here. Be gentle.
  ここ、さわって。やさしくね。

と、相手に伝えます。
さわってほしいところを相手にたずねるときは、

- Where do you want me to touch you?
  どこをさわってほしい?

と、言います。
手や脚の位置を指示したければ、次のように言います。

- Put your hand here.
  手はここにおいて。

- Put your leg there.
  脚はそこに乗せて。

129 やさしくオッパイを揉んで。
Squeeze my tits softly.

やさしく胸を揉んでもらうことに"感じる"女性はたくさんいます。揉んでもらったあとは、

- Lick them.
  なめて。

と、おねだりをし、

- Pinch my nipples.
  乳首をつまんで。

- Roll my nipples (between your fingers).
  (指ではさんで)乳首をころがして。

などにすすみます。さらには、

- Suck my nipples.
  乳首を吸って。

と、要求します。

130 いまあの時期なの。
It's that time of the month.

生理中であることを婉曲的に伝える表現といえばこれ。

- I'm on my period.
  いま生理中なの。

このようにはっきり言うこともありますが、

- W：Sorry, I can't right now. It's that time of the month.
  ごめん。ダメなの。いまあの時期なの。
  M：OK. We can just cuddle.
  わかった。じゃ、体を寄せ合っていよう。

と、遠回しに言うこともよくあります。

- I have cramps.
  生理痛があるの。

cramps（生理痛）という単語を使って、セックスしたくないことを伝えることもあります。

131 アソコ、さわって。
Touch me down there.

男女ともに、「アソコ」を "down there" と言います。名詞ではなく副詞として用います。

- Kiss me down there.
  あそこにキスして。

男性器をあらわす言葉として、"penis" があります。"penis" は〔ペニス〕ではなく〔**ピーニs**〕と発音します。でも、口語では cock / dick などがよく使われています。睾丸は nuts / balls と呼んでいます。

- Suck my cock.
  僕のをくわえて。

いっぽう女性器は、pussy / cunt などがよく用いられています。
クリトリスは "clit" と呼んでいます。

- Touch my clit.
  クリトリス、さわって。

132 どの体位が好き?
How do you like it?

「体位」は、英語では "(sex) position" と言います。
したがって、

- What's your favorite position?
  好きな体位は何?

と、言ってもよいのですが、How do you like it?（どんなふうにやるのがお好み?）とたずねるのがふつうです。
正常位が好きならば、

- I like it missionary style.
  正常位が好き。

と、言います。
"missionary" の意味は「宣教師の・正統な」ですが、どうしてこのような呼び名がついたのでしょう。
中世のころ、性行為による快楽を罪悪と考えたローマ・カトリックによって推奨された体位であることから、このように呼ばれるようになりました。

133 バックでやるのが好き。
I like it from behind.

　from behind（後ろから・背後から）の "behind" は「後ろ」という意味の名詞です。
　後背位によるセックスを doggy style（犬がやるようなやり方で）と呼ぶこともありますが、

● I like it doggy style.

は、かなり下品に聞こえるので好まれません。
　後ろからのセックスを日本人は「バック」と呼んでいますが、英語圏の人たちにはつうじません。そもそも "from back" という英語表現もありません。
　ちなみに、女性が上になる体位のことを騎乗位と呼んでいますが、英語では woman on top（女性が上に乗るやつ）/ cowgirl position（カウガールの体位）などと言っています。
　「立ってやる」は、次のように言いあらわします。

● Let's do it standing up.
　立ってやろうよ。

134 こっちを向いて。

Face me.

　セックス・ポジションの表現を覚えましょう。
「こっちを向いて」は、face（顔を向ける）という動詞を使って言いあらわします。反対に、背を向けてほしければ、

- Turn around.
  むこうを向いて。

と、言います。

- Lie down.
  横になって。

- Lie on your back.
  仰向けになって。

- Lie on your stomach.
  うつぶせになって。

などの表現もあわせて覚えておきましょう。

135 こう？ これでいい?
Like this? Is this OK?

　快感を得るために、いろんなことを要求してくる人がいます。

- Raise your leg.
  脚をあげて。

だの、

- Bend your knees.
  膝を曲げて。

だの……。そんなときのために「こう？」とたずねる表現を身につけましょう。

- W：Like this? Is this OK?
  　　こう？ これでいい?
  M：Like that.
  　　それでいい。

136 上になって。

Get on top.

友人の日本人男性に、「いまこんな本を書いているのよ」と言ったら、じゃあ「上になって」をぜひとも入れるようにと言われました。以前、彼は「上になって」を何と言っていいのかわからず、困ったことがあったとのこと。

"get on top" は〔ゲランタッ p〕のように発音します。

逆に、「下になって」は、

● Get on the bottom.
下になって。

と、言います。〔ゲランザボダ m〕のように発音してください。

「お尻をこっちに向けて」なら、少し下品な言い方になりますが、

● Move your ass this way.
お尻をこっちに。

と、伝えます。

137 入れて。
Put it in.

男性器を挿入してほしいと頼むときの表現です。
バックから入れてほしいときは、

- Do it from the back.
  後ろからやって。

と、お願いします。
しかし、なかには、指でばかり遊んでいて、じらすのが好きな男性もいます。そういうときは、

- Not your fingers. Stop teasing me. Give it to me!
  指じゃなくて。じらさないで。早くちょうだい！

などと言います。短く、

- Not your fingers. Hurry up!
  指じゃ、いや。早く！

と、言うこともあります。

138 まだ入れないで。
Don't put it in yet.

このように男性に頼む場合もありますが、

- I'm not ready yet.
  まだ、だめ。

まだ準備ができていない (not ready yet) ことを告げる、こうした言い方を好む女性も数多くいます。じっさい調査したわけではありませんが、映画やドラマなどではこの表現をよく耳にします。

- I'm not wet yet.
  まだ濡れてないわ。

もちろん、はっきりとこう言ってもかまいません。短く、

- Not yet.
  まだよ。

と、伝えることもあります。

第5章 いちゃいちゃする Messing Around　151

139 どう、気持ちいい?
Does it feel good?

　セックスのとき、黙ったままで、自分の気持ちをオモテに出さない人がいるようです。気持ちがいいのか、そうでないのかがわからない。そんなときにこのフレーズを発して、気持ちがいいかどうかたずねます。

　しかし、日本人はこうしたとき、"Do you feel good?" と言ってしまいがち。これだと、Are you okay? / Are you alright?（大丈夫ですか？）の意味になってしまいます。

　では、この "it" は何を指しているのでしょうか。"it" は what I'm doing now（いま私がやっていること）を指しています。英語では、「いま私がやっている行為は感じる？」と聞くのです。また、「いまやっている行為」を "that" として、

- How's that?
  どう?

- How does that feel?
  どう、感じる?

などとたずねることもあります。

140 それ、すごく気持ちいい。
That feels so good.

気持ちがよければ、that（相手がやっている行為）が"so good"と伝えてあげましょう。感情を込めて言うことを忘れずに。

- M：Does it feel good?
  感じる?
  W：That feels amazing.
  すごい。

amazing（すごい）という形容詞を使うこともあります。たんに"Amazing."とだけ言うこともあります。

- M：How does that feel?
  どう、感じる?
  W：Incredible.
  すごすぎ。

incredible（信じられないほどすごい）という形容詞もまたよく使われます。

141 それ、やめて。
I don't like that.

セックスのすべてがいい、というのはまれなこと。その行為のいくつかは気持ちのいいものではなかったりします。いまやっている行為が感じないときはこのような声をあげます。

- I'm not into that.
  それ、だめなの。

- That does nothing for me.
  それ、感じない。

このように不満をもらすこともあります。

- That hurts. Not so rough.
  痛い。荒っぽくしないで。

- Stop doing that.
  やめて。

こんな表現もあわせて覚えておきましょう。

142 もっとゆっくり。
Slower.

「もっとゆっくり」は、

- More slowly.

としてもいいのですが、最近では "slower" という表現を使う人が多くなりました。talk slower(もっとゆっくり話す)/ walk slower(もっとゆっくり歩く)なども一般的になりました。

ここでは比較級を使って、「もっと〜」と相手に要求する表現を覚えましょう。

- Harder.
  もっと激しく。

- Softer.
  もっとやさしく。

- Deeper.
  もっと深く。

143 腰を動かして。
Move your hips.

　日本人は「腰を使う」「腰を動かす」など、"腰"という表現を使いますが、英語ではこうした場合、"hips"が対応します。

　"hip"は、脚の付け根の、左右両側に突き出た部分を指します。したがって、右と左で"hip"は二つある（hips）ことになります。臀部はbottom（お尻）/butt（尻）などの単語が対応します。

　気持ちがよければ、

- I like it just like that.
  あ、それがいい。

- I like it rough.
  それ、激しいのがいい。

- Keep doing that.
  やめないで。

などの声をあげます。
ずっと無言でいるのは、相手に対して失礼です。

144 ごめん。勃たないんだ。
Sorry. (I) Can't get it up.

「勃起する」は "get an erection" ですが、口語の「勃つ」は "get it up" と言っています。

美しい裸体をさらして、

- No standing ovation?
  スタンディング・オヴェイションはまだ?

と言う女性もいます。それでも勃たないときは、

- Need a little help?
  手を貸そうか?

と声をかけます。あるいは、

- W: What do you want me to do?
    どうしたらいい?
  M: Use your mouth.
    口でやってほしい。

と、ささやき合う恋人同士もいるでしょうね。

145 コンドーム、持ってる?
Do you have protection?

コンドーム (condom) なしの性行為は、unprotected sex (保護手段なしのセックス) とも呼ばれ、恋人同士では「保護手段なしのセックス」を避けようとします。

- Make sure you wear a condom.
  コンドーム、ちゃんとしてね。

コンドーム (condom) のアクセントは第1音節にあって、〔カンダm〕と発音します。
"Make sure 〜" は「〜であることを確認してください」というイディオムです。
また、コンドームのことを rubber (ゴム) と呼ぶ人もいます。

- W: Do you have a rubber?
  ゴム、持ってる?
  M: No. Do you?
  持ってない。きみは?

146 ピルを飲んでる?
Are you on the pill?

　妊娠したくない、性病にかかりたくないのなら、safe sex（安全なセックス）をしないといけません。そのためには当然、protection（保護手段）が必要です。

- Make sure you use protection.
  妊娠しないようにしてね。

　たいていの場合、これは「ちゃんとコンドームを付けてね」の意味になりますが、妊娠を避ける方法はコンドームの装着ばかりではありません。
　日本では、避妊目的でピルを服用する女性は多くないようですが、アメリカではピルは一般的な避妊法です。be on the pill（ピルを服用している）は覚えておきたい言いまわしです。
　しかし、コンドームもピルも持っていない状況もないとは言えません。
　そんなときは、次のように言ったりします。

- Okay, but please don't cum inside me.
  いいけど、お願いだから、中ではイカないでね。

147 あ、イクっ。

I'm cumming. / I'm coming.

　オーガズム (orgasm) に達するときの「イク」は cum / come を使います。男女ともに使います。この "cum" は "come" をくだけた形で表記したものです。

　cum / come はまた、名詞としても用いられ、その場合は「オーガズム」だけでなく、「精液・愛液」の意味をもちます。

●I'm about to cum.
　イキそう。

　このように言うこともあります。
　"be about to 〜" は「ちょうど〜するところだ」の意味です。

●I'm gonna explode.
　イクぅ。

　explode（爆発する）という動詞を使って「イク」をあらわすこともあります（これは男性だけね）。

148 もうだめ、もうだめ、もうだめ！
Oh, God! Oh, God! Oh, God!

　オーガズム（orgasm）に達して、「イク」の声をあげるときは cum / come を使うと前項で説明しました。

- Did you cum?
  イケた?

- Cum in my mouth.
  口の中でイッて。

などの表現もあわせて覚えておきましょう。
　さて、日本ではまったく知られていないことですが、感極まって、イク寸前に、"Oh, God! Oh, God! Oh, God!" の声をあげる英米人は驚くほど多いのです。

- I think I'm gonna cum.
  イキそう。

　このようにつぶやく人もいるでしょうが、"Oh, God! Oh, God! Oh, God!" のほうがはるかに多い。これは映画やドラマなどのセックス・シーンでも明らかです。

149 どうだった?
How was it?

　セックスが終わったあとの態度や表情で、相手が満足したかどうかはだいたいわかるものですが、わざわざ感想をたずねる男性（女性）がいます。相当の自信家なのか、それとも自信がまったくないのか。

● Was it good for you?
　よかった?

と、聞くこともあります。もっとはっきりと、

● Did you have an orgasm?
　イケた?

と、たずねる人もいます。なかには、

● So, how many times did you cum?
　で、何回イッた?

と、聞いてくる男性もいます（女性はこんな質問はしません、たぶん）。

150 すごくよかった。
That was amazing.

セックスの感想を聞かれ、「よかった」ことを伝える表現を覚えましょう。

- I could do this every day.
  こんなのだったら、毎日したいわ。

- I could lie here with you forever.
  ずっとここであなたと寝ていたい。

あるいは、

- I could get used to this.
  クセになりそう。

と、言ったりします。

- How about Round 2?
  第2ラウンド、する?

こんなふうに会話はすすんでいきます。

151 僕とのセックスで、イッたふりをしたことがある?
Have you ever faked it with me?

　とりわけ女性にとってのセックスは、その日の体調やそのときの気分によって左右されます。だから、かならずしもイクとは限りません。

　あれこれやってみても、イケないときもあります。しかし、相手のことを思うと、いつまでも続けているのは気がひけます。そういうときはイッたと男性に思わせてコトを済ませてしまいます。

　この「イッたふりをする」を、英語では"fake it"と言います。"it"は an orgasm（オーガズム）を指しています。

- Most women at one time or another have faked it.
  たいていの女性は一度ならずイッたふりをしたことがあるものよ。

　これが実情のようです。

　ですから、男性のみなさん、真実を知りたくなかったら、「僕とのセックスで、イッたふりをしたことがある？」などと聞かないことです。

コラム2
「○○に似てる」は避けたほうがいい

「相手をほめる」のは恋愛成就の鉄則です。

その〝小道具〟として、ニッポン人はよく有名人を引き合いにだして「あなたって、○○に似てるね」のフレーズを使いますが、欧米人はこれをどう受けとめるでしょうか。

たとえば、映画俳優にたとえて、「きみはスカーレット・ヨハンソンにちょっと似ているね」(You look a little like Scarlett Johansson.)とか、「ダニエル・ラドクリフにそっくりね」(You look just like Daniel Radcliffe.)と言ったとしたらどうでしょうか。

たいへん危ない賭けをしていると思って間違いありません。なかにはたいへん喜ぶ人もいるでしょうが、不愉快な気分になる人もいるからです。

相手がその女優や男優を嫌いだった場合、うれしいと感じるでしょうか。あなたは相手をほめたつもりでも、相手はほめ言葉として受けとらないことだってありえるのです。

そもそも恋愛は、相手が誰それに似ているからつき合うというものでもないでしょう。恋愛は「私」という個人と「あなた」という個人の、きわめてパーソナルな問題です。だから、「あなたは○○に似ている」というフレーズは避けたほうが賢明です。

第6章 夢をはぐくむ
Sharing the Future ... or Not

152 話したいことがある。
We need to talk.

　最近、彼との関係がぎくしゃくしてきた。セックスを求められないし、浮気をしている気配もある。そのうえ、私に対してずいぶんと配慮を欠いた言動をする。しばらくすれば状況はよくなるだろう。最初はそう思ったけれど、状況はどうも改善しそうにない。ああ、フラストレーションがたまる。そう思っていた矢先、"We need to talk." と言われた……。よくある話です。私もこう言ったことが……アリマス。

　直訳すれば、「私たちは話をする必要がある」というわけですが、need（必要がある）という単語を使うことによって、事態の切迫感を漂わせています。

- There's something I need to tell you.
  ちょっと話があるんだけど。

　このように言うこともあります。
　いずれにせよ、別れ話を切りだしたいとき、アメリカ人はあらたまって「話がある」と言います。こう言われたら、あなたは二人の関係についての真剣な会話が始まると覚悟すべきです。

第6章 夢をはぐくむ Sharing the Future ... or Not

153 いまはだめ。
Not right now.

「話したいことがある」と言われたら、どうしたらいいのでしょうか。心の準備ができていたら、

- M : We need to talk.
    話があるんだ。
  W : What is it? Sounds serious.
    何？　深刻なことみたいね。

と、応じます。そうでなかったら、

- Not right now. Let's talk after work tonight.
  いまはだめ。今夜、仕事が終わったあとに話しましょう。

- Not right now. I have a big day tomorrow.
  いまはだめ。明日は大事な仕事があるの。

などと言って、心の準備をします。
　"a big day" というのは、重要なプレゼンテーションや会議などがある a busy day（忙しい日）のことです。

154 考える時間がほしい。
I need time to think.

　恋愛に夢中になっているころは、四六時中ずっと一緒にいたい。誰もがそう思うはず。だけど、悲しいかな、やがてそんな生活もうっとうしく感じられることがあります。彼とはいつも一緒だったけど、自分ひとりで将来のことを冷静に考えてみたい。相手との生活ではなく、自分のやりたいことに目を向けてみたい。あるいは、このまま結婚して家庭をもつということを真剣に考えてみたい。だから、しばらくのあいだ、会う機会を減らしたい。そういった思いがつのったときに上のフレーズを使います。

- I need some space.
  ちょっと距離をおきたい。

　このように言うこともあります。
　"space" は、言うまでもなく「空間」ですが、この場合は、「相手との空間」のこと。要は、「あなたとは距離をおきたい＝しばらく会わないでいたい」と言っているのです。

155 駆け引きはごめんだ。
I don't want to play games.

　関係において優位に立とうとして、恋に駆け引きを持ち込む男性（女性）がいます。そういう人は、わざと本心を明かさなかったり、あえて嫉妬心をあおるようなことを言って相手の反応をうかがいます。そうした「恋の駆け引き」をすることを、英語では"playing games"と言います。なかには、

- Love is just a game.
  恋はただのゲームさ。

と、知ったような口をきく人もいます。
ほんとうかしら？
　しかし、駆け引きで相手を翻弄することは不誠実だとして、恋愛の初期に「駆け引きはごめんだ」とはっきり述べる人もいます。

- Let's not play games. Let's be honest and respect each other's feelings.
  駆け引きはやめようよ。正直になって互いの気持ちを尊重し合おう。

156 で、昨日はどこにいたの?
So, where were you yesterday?

　電話をしても、LINE をしても、いっこうに返事がかえってこない。なんだか怪しい。ひょっとして自分以外の女（男）に会っているのではないか。そんなとき、このフレーズを口にします。

　最初はどこにいたのかを聞き、次に誰といたのかを聞きだします。

- Who were you with last night?
  昨晩は誰と一緒にいたの?

「怪しい」と思ったら、

- You're seeing someone else, aren't you?
  誰かと浮気でもしているんじゃない?

と、問い詰めます。その返答が嘘っぽく聞こえたら、次のように"宣言"します。

- If you're lying to me, I'll never forgive you.
  嘘をついているのなら、絶対にゆるさないからね。

157 彼女はただの友だちだよ。
She is just a friend.

　言い訳はたいていこのひとことで始まります。
「ただの友だち」なら、なぜ連絡をしてこないのか。連絡なんて、30秒もあればできるのに……。

- We were just talking.
  話をしていただけ。

「話をしていただけ」なら、なぜ話が途切れたときに連絡をしてこないのか。そもそも、なんでわざわざ「話をしていただけ」と言うのか。疑心はつのるばかり。

- OK. I promise I'll never do it again.
  わかった。もう二度とこんなことはしないって約束する。

「こんなこと」とは何を指しているのか。連絡をしなかったことなのか。それとも浮気なのか。いずれにしても、このフレーズで幕引きにしたいとの思惑がみてとれます。
　以上、浮気の弁解としてよく使われるフレーズを列挙してみました。

158 浮気しているの?
Are you cheating on me?

　ある辞書を眺めていたら、「浮気」は "(love) affair" である、と書いてありました。たしかに "affair" には「浮気」とか「不倫（関係）」の意味があります。でも、"affair" にはどこかしらロマンチックな響きがあって、

- He's having an affair.

と言えば、「彼は情事を楽しんでいる」といったニュアンスがあります。"affair" は、映画のセリフや音楽の歌詞に出てくる甘美な言葉なのです。
　じっさいの会話では "cheat" という単語を使うのがふつうです。
　"cheat" には「こっそりだます」とか「内緒で不正をする」という意味があり、そこから「浮気をする」という意味が生まれました。cheat on A（Aを裏切って浮気する）の形でよく用います。

- I swear I've never cheated on you!
  誓って言うけど、一度も浮気なんかしていないわ！

159 好きな人ができた。
I met someone.

「ほかに好きな人ができた」は、このような言い方をします。直訳すれば「ある人に出会った」わけですが、この場合は「ある人とめぐりあった」というニュアンスがあります。

- There's someone else.
  ほかに好きな人がいるんだ。

このように言うこともあります。
これら二つが「好きな人ができた」ことを伝えるもっとも一般的な表現です。
しかし、いきなりそんなことを言われても、納得できない場合がある。そんなときは、

- How could you do this to me? Don't you love me anymore?
  どうしたらそんな仕打ちができるの? 私のことをもう愛していないの?

などと食い下がるのですが……。

160 好きだけど、ずっと一緒にいたいわけじゃない。
I love you, but I'm not in love with you.

"be in love" は「四六時中ずっと好きでいる」状態をあらわします。日本人は「好きだけど、ずっと一緒にいたいわけじゃない」と言いますが、英語ではこのように言いあらわします。

- It's just not working out.
  僕たち、うまくいってないね。

主語の "it" は "our relationship" のこと。このように述べて、恋人関係の〝解消〟をほのめかすこともあります。

- Can we go back to being just friends?
  また友だちに戻ろうよ。

- I hope we can still be friends.
  友だちのままでいたいんだけど。

遠回しに、このように告げることもあります。私自身、恋人にこのように告げたことがありますが、彼とはいまも仲のいい友だちでいます。

161 私のことをもてあそんだだけなのね。
You were not serious about me.

相手の浮気が発覚したとき、このようになじることがあります。日本人の女性がよく使う表現ですが、英語では「私のことを真剣に考えてくれなかったのね」という言い方をします。

- I trusted you.
  あなたのこと、信頼していたのに。

などもよく使われるフレーズです。
よく耳にする「私はたんに都合のいい女だったわけね」には、

- You used me.
  私のことを利用していたのね。

- I meant nothing to you.
  私なんて、どうでもいい存在だったのね。

などの表現が対応します。

162 私はあなたのものじゃない。
I don't belong to you.

独占欲が強い人がいます。とりわけ男性に多いと思われますが。

- You don't own me.
  あなたのものじゃないわ、私は。

このように言うこともあります。
独占欲の強い男は、彼女に自分の思うとおりの存在になってほしいと望みます。そして、そう思うあまり、さまざまなことを要求してきます。
これを「愛されている」ことの証しとみなす女性もいるようですが、圧倒的多数は自分が束縛されていると感じているようです。

- Stop telling me what to do.
  私にあれこれ命令するのはもうやめて。

結果、我慢しきれずに、このように怒りをあらわにすることになります。こうならないうちに、相手の態度や表情が発するシグナルに気づくことです。

163 最低!
You jerk! / You bastard!

"jerk"も"bastard"も、「嫌なやつ・最低な人」をあらわす名詞ですが、相手をののしるときによく使います。

- You liar! You two-timer!
  嘘つき！ 二股かけていたくせに！

"You liar!"は、日本人が口にする「ウッソー！」や「ウソでしょ！」ではけっしてありません。「この偽善者め！」といったニュアンスで用いられます。

"two-timer"というのは、恋人や配偶者を裏切って「二股をかけている人・浮気をしている人」です。

- You asshole!
  クソ野郎！

もっともひどい悪罵のひとつです。
親しい間柄では冗談めかして使われることもありますが、怒りにみちた顔つきで言えば、強烈な言葉として相手に受けとられるでしょう。

164 言い訳なんか、聞きたくない。
I don't wanna hear your excuses.

"excuse"は「言い訳」です。「言い訳をする」は"make an excuse"と言います。

- Stop making excuses.
  言い訳なんてやめて。

人間はやましい気持ちがあると、よけいに言い訳をしたがる動物のようです。

- I'm sick and tired of your excuses.
  あなたの言い訳にはもうウンザリ。

I'm sick and tired of A.（AにはウンザリだAには飽き飽きだ）はとてもよく使う口語表現です。

- I just can't believe a word you say.
  あなたの言葉なんて、ひとことも信用できない。

ミエミエの嘘をつく相手には、このようなフレーズを投げつけてみてはいかがでしょう。

165 傷ついた。
You hurt me.

　相手に裏切られたとき、自分の心情がそこなわれたと感じるものです。そんなときにこのフレーズを使います。英語では「あなたは私を傷つけた」と発想します。

- You broke my heart.
  きみにはがっかりだよ。

　と、嘆くこともあります。
　直訳すれば、「あなたは私の心を打ちのめした」ですが、日本語の「あなたにはがっかりしたわ」とか「私、悲しかったわ」にあたります。

- I thought you cared about me.
  私のことを大事にしてくれていると思っていたのに。

- I thought we had something special.
  私たち二人には特別なものがあると思っていたのに。

　相手に対する残念な気持ちをこのように伝えることもあります。

166 私たち、冷却期間が必要ね。
Maybe we need some time to calm down.

ケンカはしたものの、別れる気がないのなら、このような表現を使うのもいいでしょう。

"calm down" は「落ち着く・冷静になる」です。

- You need to think seriously about your life.
  あなたは人生をもっと真剣に考える必要があるわ。

このように忠告してもいいでしょう。

- Get a life.
  人生、やり直したら。

このようにはっきり言う人もいます。

"get a life" は、文字どおり、life（生活）を get（得る）することですが、この表現が意味するところは stop wasting your life（人生を無駄に過ごすのをやめる）です。たとえば、浮気ばかりしている男性に "Get a life." と言えば、「そんなことはやめて、ちゃんとひとりの女性を愛しなさい」と忠告していることになります。

第6章 夢をはぐくむ Sharing the Future ... or Not

167 もうおしまいにしよう。
I think we should break up.

　二人の関係に終止符を打つときがきた。そんなときにこのフレーズを口にします。
　"break up" は「別れる」です。

- I want to break up.
  別れたい。

と、みずからの意思をはっきり言う人もいます。

- I think we should stop seeing each other.
  もう会うのはやめましょう。

このような言い方を好む人もいますが、言わんとしていることは「もうおしまいにしたい」ということ。

- I don't ever want to see your face again.
  もう顔を見るのもいやだわ。

　私の友人は相手の男性にこのようなメールを送ったそうです。以後、返事はいっさいなかったそうです。

168 もう終わりだ。
It's over.

二人の将来にもう先が見えないと感じたとき、このように言います。"over" は「終わって」を意味します。

- It's over between us.
  僕たちは、もう終わりだね。

このように言うこともあります。

- The magic is gone.
  夢からさめたんだよ。

と、なぐさめ合うこともあります。この "gone" は「過ぎ去った」という意味の形容詞です。

- The spark is gone.
  この恋もおしまいね。

"spark" は「火花・きらめき」を指す語で、「恋のきらめきは消えてしまったね」というような意味で用いられています。

169 僕たち、もともと住んでいる世界が違うんだね。
We come from different worlds.

　暮らしてきた環境が違ったり、異なる価値観をもっていたりすると、二人のあいだに齟齬が生じることもあります。

- We need to face reality.
  僕たち、現実と向き合ったほうがいいね。

　相手にとってはささいなことが、自分にとってはかけがえのないものであったりします。それを相手が尊重してくれなければ、別々の人生を歩むほかありません。

- Just let me go.
  別れたいの。

- Let's go our separate ways.
  お互い、別々の人生を歩みましょう。

　このように告げて、別々の道を歩んでいくことになります。恋の終わりは悲しいものですが、二人にとってそれが未来の幸せにつながるのであれば、それをよしとしなければなりません。

170 彼にはとくに何も文句はないんだけど、ケミストリーがなかったの。

There was nothing particularly wrong with him, but there was just no chemistry.

　ここで覚えておきたい単語は、ずばり "chemistry" です。"chemistry" なくして恋愛を語ることなどできません。それほど重要な単語です。

　"chemistry" には、「化学・化学作用」のほか、「(人との)相性のよさ・(チームの)まとまりのよさ」といった意味があります。「複数の人間のあいだに起こる化学反応」と考えてみてください。一緒にいて気楽な気分になれる感覚、それを英語では chemistry〔**ケミストゥリ**〕と言うのです。

- There was real chemistry between Cheryl and me.
  シェリルと僕との相性はぴったりだった。

　"chemistry" は多くの場合、sexual chemistry（性的な相性・性的な気分）と考えることができます。

　いずれにしても、ケミストリーは、恋が成就するかどうかの重要な要素であるということを知っておいてください。

171 縁がなかったんだね。
We weren't meant to be.

別れにもいろいろあります。

互いに悪態のかぎりを尽くしたあげく、憎しみ合って別れる人たちがいるいっぽう、これといった大きな理由もないのに、だんだん疎遠になっていく恋人たちがいます。

聞けば、たいてい「もともと一緒になる運命ではなかったんだ」という返事がかえってきます。

"We weren't meant to be." は「私たちはそうなるようには意図されていなかった」ということ。つまり、「一緒になる運命ではなかった」、あるいは日本人が言うところの「縁がなかった」ということ。

- We're just not right for each other.
  お互いにとって不向きだったね。

- I don't think we want the same things in life.
  人生に求めるものが同じではなかったようだね。

こう確認し合って別れていく恋人たちもいます。やはりこれも、chemistry（相性）が合わなかったということでしょうね。恋人同士の相性はほんとうに奥深いものです。

172 彼にふられちゃった。

He dumped me.

"dump" は「ドサッと捨てる」。転じて、「(恋人などを) ふる」という意味が生じました。

- I was dumped.

このように受動態であらわすこともありますが、見出し文のように「彼は私をふった」(He dumped me.) と言うのがふつうです。もうひとつ、break up (別れる) という表現も覚えましょう。

- W: I think we should stop seeing each other.
    もう会うのはやめましょう。
  M: We're breaking up?
    別れるって言うのかい?

「Aと別れる」は "break up with A" です。

- I broke up with him.
  彼とは別れたの。

173 傷つけてごめん。
I'm sorry I hurt you.

　ここでは「謝罪」の表現を覚えましょう。
「あなたの気持ちを傷つけてごめんなさい」は、上に掲げた "I'm sorry I hurt you." がもっとも一般的な表現です。hurt（感情を傷つける）の過去形も "hurt" です。

- I'm sorry for hurting you.

　このように言うこともあります。

- I didn't mean to hurt you.
  傷つけるつもりはなかったんだ。

- I apologize. I'm sorry.
  あやまるよ。ごめん。

- I admit it. I was wrong.
  認めるよ。僕が悪かった。

　このような表現もあわせて覚えておきましょう。

174 さてと、また新たに出直すか。
All right, I'm ready to move on.

別離のあとは、悲しみ、怒り、後悔といった気持ちにさいなまれるものです。しかし、時間とは偉大なもので、そうした感情を徐々にやわらげてくれます。ある日、ひょんなことから急に元気がわいてきて、move on（前に進む）しようという気持ちが芽ばえてきます。

- I hope I can find someone that's right for me.
  自分に合った人がきっと見つかるはず。

- I hope I meet a nice guy.
  素敵な男性とめぐりあいたいなあ。

- I'm sure Mr. Right is out there waiting for me.
  理想の男性がどこかで私を待ってくれているはず。

いつかこんな気持ちになるはずです。

"out there" というのは、somewhere out in the world（世界のどこかで）の意味。

また、「理想の男性」を、英語では "Mr. Right" と言います。「理想の女性」は "Ms. Right" です。

第6章 夢をはぐくむ Sharing the Future ... or Not

175 仲直りしよう。
Let's make up.

"make up" は「仲直りする」です。
欧米人は仲直りのしるしとして、よくキスをします。

- Let's kiss and make up.
  仲直りのキスをしよう。

このように言います。
「Aと仲直りする」は "make up with A" です。

- Why don't you make up with him?
  彼と仲直りしたら?

仲直りした恋人たちは、また恋をはぐくむことになります。「やり直す」を英語では "get back together" と言います。

- Let's get back together.
  また一緒にやり直そうよ。

176 生理がまだ来ないの。
My period hasn't come yet.

これは直截的な言い方です。
日本人は「遅れている」とだけ言うこともありますが、英語話者も、

- I'm late.
  遅れている。

のように言います。
以下、想定される会話を覗いてみましょう。

- W：I have to tell you something.
  話があるの。
  M：What is it?
  何だい?
  W：I'm a week late. I think I'm pregnant.
  1週間、遅れてるの。妊娠していると思う。
  M：Are you serious?
  マジで?
  W：What are we gonna do if I'm pregnant?
  もし妊娠していたらどうする?

第6章 夢をはぐくむ Sharing the Future ... or Not

177 子どもができたの。
I'm expecting.

妊娠したことを告げる表現はいくつかあります。
"I'm expecting." は "I'm expecting (a baby)." のこと。

- I think I'm pregnant.
 子どもができたみたい。

このようにはっきり言うこともあります。

- I'm gonna be a mother.
 私、お母さんになるの。

- You're gonna be a father.
 あなた、お父さんになるのね。

望んでいない妊娠であれば、中絶 (abortion) について話し合わなくてはなりません。

- How do you feel about abortion?
 中絶についてどう思う?

178 結婚しよう。

Let's get married.

「結婚したい」という気持ちをあらわして、このように伝えます。

以下、求婚を申し出る表現とその答え方を見ていきましょう。

- M：Will you marry me?
    結婚してくれる?
  W：Yes! Of course!
    ええ! もちろんよ!

- M：Marry me.
    結婚して。
  W：Are you serious?
    本気なの?

- M：Would you marry me?
    結婚してくれるかい?
  W：I'm not ready yet.
    まだその気になれないわ。

179 神の存在は信じているけど、信心深いわけじゃない。
I'm spiritual but not religious.

　結婚の障壁になるのが宗教に関すること。

　多くの欧米人は「あなたはどんな宗教を信じているの？」と問われて、「無宗教だ」と答える人を信用しません。宗教とは、自分の生き方を支えてくれる背骨のようなものなのです。

　毎週かならず教会に通う人はアメリカ人でも少なくなってきているものの、カトリック、モルモン教、ユダヤ教などの人たちは、信仰にもとづいて家庭生活や子育てをしたいと望んでいます。

　日本人は「無宗教だ」とよく言いますが、大多数の人がお正月に近所の神社やお寺に初詣に出かけ、お仏壇やお墓の前で祖先の霊に手を合わせています。

　文部科学省が毎年実施している宗教統計調査を見ると、神道系の信者はおよそ9200万人、仏教系の信者は約8700万人です。大多数の日本人が「神道と仏教の両方の信者」としてカウントされています。

　というわけで、宗教のことを問われたときは、spiritual but not religious（神や霊魂の存在は信じているけど、組織化された特定の宗教には属していない）と言えば、あらぬ誤解を招くことはないでしょう。

180 きみが僕の運命の人なんだ。
You are my soul mate.

　相手が自分のことを信頼してくれ、自分も相手を尊敬していると感じたとき、互いを自分の"soul mate"と呼びます。直訳すれば「魂の伴侶」とでもなるのでしょうが、「彼は、私の魂の伴侶なの」なんて言っている日本人に会ったことがありません。

　日本語で「彼は私の魂の伴侶だ」なんて言うと、なんだか崇高なる人物を思い浮かべてしまいますが、アメリカ人はわりと気軽に、"soul mate"という表現を使います。多くの人は「信頼ができ、気の合う、残りの人生をともにするであろうパートナー」といった感じで使っています。

　日本人がよく口にする「よき伴侶」、あるいは「運命の人」に近いように思われます。

- You are the one for me.
  私にはあなたしかいない。

「彼以外の人なんて考えられない」と感じたとき、the one（唯一の人）という表現を使います。"soul mate"とほぼ同じ意味です。

181 きみを愛している。
I love you.

やっぱりこの言葉以上に愛している気持ちを真摯(しんし)に伝える言葉はないでしょう。どんな比喩を使っても、いかなる言葉の飾りをつけても、このフレーズにまさるものはありません。

- M : I love you.
    愛してる。
  W : I love you, too.
    私も愛してる。

- M : I love you.
    好きだよ。
  W : I love you more.
    私のほうがもっと好き。

- M : I really love you.
    大好きだよ。
  W : I love you forever.
    ずっと愛してる。

コラム3
「鼻が高い」と言うけれど……

　ニッポン人は〝高い鼻〟に憧れをもっています。だから、「鼻が高いですね」は美男美女へのほめ言葉になっています。そういう事情もあって、整形手術をほどこして、〝高い鼻〟を手に入れようとする人もいます。

　しかし、西洋人は生まれつき鼻が高いので、西洋では〝高い鼻〟はべつだん美人の条件でもなければ、ハンサムな男性の象徴でもありません。それどころか、高すぎる鼻に悩んで整形手術をする人もいます。西洋人はニッポン人が気にしている〝低い鼻〟を気にかけてはいません。

　ちなみに、「鼻が高い」を直訳して、"You have a high nose." と言ってもつうじません。正しくは、

- You have a long nose.
  あなたって鼻が高いね。

と、言います。

　しかし、いまも述べたように、これはけっして相手をほめたことにはなりません。言われたほうはたぶん、「そうか、自分は鼻が高すぎるんだな」と逆に落ち込んでしまうでしょう。

コラム4
日本人だけが特殊なの？

「お箸の使い方がお上手ですね」(You can use chopsticks very well.) と相変わらずよく言われます。

こうしたとき、「にんげんだもの」(by 相田みつを) とつい言いたくなってしまいますが、どうも日本人は自分たちを"特殊"であると思い込んでいるようです。

考えてもみてください。逆に、西洋人に「ナイフとフォークが使えるなんてすごい！」(Amazing! You can use a knife and fork.) と驚かれたら、あなたはどう思われるでしょうか。「あなたねえ、日本人は鹿鳴館時代からナイフとフォークを使ってるのよ。バカにしないでよ！」(You know, Japanese have been using knives and forks since the Rokumeikan era. Don't make fun of me!) と文句のひとつも言いたくなるのではないでしょうか。

「ニッポンの女性（男性）をどう思いますか？」(How do you like Japanese women[men]?) もよくたずねられる質問です。なかには「ニッポンの女性（男性）とヤッたことある？」(Have you ever slept with a Japanese woman [man]?) と畳みかけてくるツワモノもいます。もはや地球規模の笑い者になること間違いなし。「ニッポン人は特殊だ」という教育がどこかでおこなわれているのかしら？

コラム5
"謙譲の美徳"は美徳じゃない

　文化が違えば、大切にしている価値観も異なります。

　たとえばニッポン人は「謙譲」（modesty）というものに大きな価値を見いだしていますが、西洋人はへりくだることを美徳だとは考えていません。

「つまらないものですが」と言いながらプレゼント（多くの場合、高価！）を差しだしたり、「うちの愚妻は料理が下手でして」とぼやきながら手料理（たいていの場合、豪勢！）をふるまったり……なんて考えられません。

　知り合いのアメリカ人男性の話をしましょう。

　彼には日本人のガールフレンドがいるのですが、「きれいだね」（You're beautiful.）と言うたびに、彼女は「ぜんぜん」（No, no.）と応じるそうです。

　言葉のギフトを贈っても、相手がそれを拒絶すれば、贈ったほうは自分の正直な気持ちが否定されたと感じるのは当然です。

「彼女がノーと言うたびに、自分の美意識に挑戦状を叩きつけられたような気分になる」（I feel like she is questioning my taste every time she says no.）と、彼は苦笑いを浮かべていました。

　ほめられたら、素直に「ありがとう」（Thank you.）と受け入れるのが西洋のマナーです。

著者略歴

キャサリン・A・クラフト
Kathryn A. Craft

アメリカ・ミシガン州生まれ。
オハイオ州で育つ。ボーリング・グリーン州立大(BGSU)卒。
南山大学の交換留学生として来日。
現在、オンラインマガジン「ET PEOPLE!」(https://www.et-people.com)を
発行するかたわら、通訳、翻訳家としても活躍。
また、名古屋市立大学(NCU)、河合塾でも講師をつとめる。
おもな著書に、『日本人の9割が間違える英語表現100』
『日本人の9割が知らない英語の常識181』(ともにちくま新書)、
『世界と話そう! おもてなし英語』(王様文庫)、
『その英語、ちょっとカタすぎます!』(DHC)などがある。

幻冬舎新書 527

英語が上手くなりたければ恋愛するに限る

究極のコミュニケーション181のフレーズ

2018年11月30日　第1刷発行

著者　キャサリン・A・クラフト
編訳者　里中哲彦
発行人　見城　徹
編集人　志儀保博
発行所　株式会社 幻冬舎
〒151-0051 東京都渋谷区千駄ヶ谷4-9-7
電話 03-5411-6211（編集）
　　 03-5411-6222（営業）
振替 00120-8-767643

ブックデザイン　鈴木成一デザイン室
印刷・製本所　株式会社 光邦

検印廃止

万一、落丁乱丁のある場合は送料小社負担でお取替致します。小社宛にお送り下さい。本書の一部あるいは全部を無断で複写複製することは、法律で認められた場合を除き、著作権の侵害となります。定価はカバーに表示してあります。
©KATHRYN A. CRAFT, GENTOSHA 2018
Printed in Japan　ISBN978-4-344-98528-5 C0295
く-9-1

幻冬舎ホームページアドレス http://www.gentosha.co.jp/
＊この本に関するご意見・ご感想をメールでお寄せいただく場合は、comment@gentosha.co.jp まで。